「このままでいいのか」
と迷う君の

Change your work style
to change your tomorrow

明日を変える働き方

神戸大学大学院経営学研究科教授
金井壽宏

日本実業出版社

はじめに　「このままでいいのか」と迷いながら働く人へ

本書は、働く20代の人々に焦点を合わせた、仕事の場面でのやる気、つまりワーク・モティベーションについて実例をもとに考察した本である。

働く若い方々14名に協力をいただき、これまでを振り返ってもらいながら、どのような要因が仕事のモティベーションを左右しているのか、モティベーションの低下をどのように凌《しの》いでいるのかについて、丁寧に聞き取りを行なった。同時に彼ら、彼女らが自分の「キャリア」や「働き方」についてどう考え、将来にどんな希望を抱いているのか、できるだけ具体的に話を聞いた。

インタビュー調査の生の声をもとに、若い世代の「やる気」「キャリア」に注目した理由はいくつかある。

ひとつには、「厳しい時代に社会人になった若い世代を応援したい」気持ちがある。30代以上の誰もがかつて20代であった。だからこそ、その厳しさは誰もがくぐってきた時期であるともいえる。リアルタイムで現在その時期をくぐっている人だけでなく、10年前にその時期を過ごした人、20年以上前にその時期を過ごし、今は自分の子どもがその時期を過ごしている人も、働きはじめて数年の時期のことはよく覚えているものである。

大学まで行った人にとって働きはじめるということは、人生で最も自由な時期から、社会の中での一年生となってはじめて世の中の厳しさを身をもって知る、人生の節目の中でも特に大きな転機となるからだ。それだけに、どんなときにやる気が失せ、それにどう対応したかという点が、いくつになっても興味深く、共感的に調査できそうだったのである。

若い世代に向けた本を書きたいと思ったもうひとつの理由に、同じ20代といっても今50代、60代の人たちが20代だったときとは、日本経済の状況がずいぶん違うことがあった。

高度成長期に20代を過ごした人にとっては、「厳しいとき」といっても、それは日本経済が元気に右肩上がりで伸びていく時代であった。そのため同じ「若手」といっても、働き方や仕事意欲（ワーク・モティベーション）には、時代による違い、世代による違いがあるはずで、その相違点にも興味を抱いた。

この違いを理解できないと、年齢を重ねた分、経験が豊かだといっても、20代の人のモティベーション上の課題に効果的な助言ができないであろう。

「やる気」と「キャリア」を考える素材

この2つの理由から20代の「やる気」「キャリア」に焦点を定めたが、一口にモティベーションといってもいろいろな切り口がある。本書で注目したのは、どんなに20代が元気で若い時期であるとはいっても、やる気には、必ず浮き沈みがあるということだ。生きているということは、元気な日もあれば、冴えない日もあるということだ。だから、20代の人たちにインタビューをする際には、どんなときにやる気が低下し、反対にどういう手だてをとってやる気を回復させたのか、そのダイナミックな側面を聞き出すように心がけた。

厳密な心理学的な方法、質問紙法や実験によってやる気の正体を解明するよりも、直接に本人がやる気のアップダウンをどのように感じているのか、何がきっかけでやる気が下がり、それにどう対応したらまたやる気が回復したのか、若い人々が仕事をつらく感じる時間をどのように凌いでいるのか、聞いてみたかった。

やる気の自己調整能力は、日本の働く環境が厳しさを増している時代だからこそ、ますます重要となっており、これから会社に入っていく若い人々にとって、より切実な問題となることは間違いない。同時に、20代の若手を後輩、あるいは部下に持つ先輩、さらには中年以上の管理職の方々にとっても、彼らとどのように接すればやる気をアップさせることができるのかは、会社で避けて通れぬテーマのひとつだろう。

本書は、その両者にとって考えるための素材になることを目指した。働く若手の生の声を素材に、ベテランも、今の時代に入社して数年の方々がどのような考え、気持ちを持っているのか共感的に読んでいただきたく、また、同年の読者は身近な視点で、ご自分の場合と関連づけながら読んでいただきたい。

本書をぜひ手にとっていただきたい読者として、次のような方々を想定している。第1の読者層としては、聞き取り調査で協力してくださった方々と同世代の20代、30代の方々だ。

学生時代と違って、社会に一歩足を踏み出せば、大変なことがいろいろある。それを皆さんたちと年の近い人々が、どのように乗り切っているのか、読み取っていただけると嬉しい。そして彼らが、仕事のやる気と自分のキャリアについてどのように考え、行動につなげているか、読者の皆さんの日々の仕事とぜひ照らし合わせてみていただきたい。同時代に生きる若者の仕事に対する向き合い方は、きっと人生のヒントとなるはずだ。

第2の読者層としては、20代の若手とともに仕事をなさっている管理職や、後輩の指導にあたっている方々に手にとっていただきたい。

あらためて、入社後数年の頃の自分のやる気の問題を振り返りつつ、時代が変わった分、働き方や仕事意欲のあり方が変わっている部分を理解し、同時に時代が変わっても、変わることなく貫かれている仕事の本質も確かめていただきたい。

モティベーションの「持（自）論」を磨く

ワーク・モティベーション、つまり仕事意欲を長らく研究してきた組織行動論や経営管理論を専門とする経営学者として、働く人にどのようにこのテーマについて学んでほしいかについてアイデアがあるので、それも冒頭に記しておきたい。

モティベーションを実践的に学ぶということは、モティベーション理論（正確には様々な理論があるので、モティベーションの諸理論）にやたら詳しくなることではない——モティベーション理論にむちゃくちゃ詳しいけれども、仕事意欲はさっぱりという人とは、読者の皆さんもあまり付き合いたくはないだろう。

理論や事例を学んだら、それを自分自身の仕事の仕方や生き方に活かすことが大切であり、それが実践的に学ぶということだ。20代の若手に限らず、40代、50代、さらにベテランの人でも、自分のやる気を左右する要因を正確に把握し、少しでも制御できるように、自分なりのモティベーションの「持論」を持っていただくことが肝心となる。

この持論とは、より正確には、「モティベーションの諸理論に裏づけを持ちながらも、自分のやる気を左右する要因を、自分の言葉で語ること」を指す。この持論は、自分が信じる自分の論でもあるので、「持（自）論」と表記することもある。

このテーマに対して私はいろいろな取り組みで研究を重ねてきたが、今あらためて最も大事なことは、実際に働いている人の生の声をしっかり聞いて、その意味合いを探ることであると思うようになった。

モティベーションの大きさを何らかの形で測定し、それを左右する要因、たとえば仕事のタイプ、職場の人間関係、上司のタイプ、給与・ボーナスなどの報酬の額、業績とその額とのつながり（業績依存の報酬制度になっている度合い）、昇進経路と昇進への展望など、多くの変数を測定して、それらがやる気の大きさにどうかかわっているかを定量的に分析する方法も貴重である。

しかしもっと素朴ではあるが、働く若手に、どうやって自分のやる気を自己調整しているのかについてストレートに尋ね、その生の声に耳を傾けることによって、彼ら自身のモティベーションの持（自）論を探ること、これが本書の狙いである。

「いつも右肩上がり」という時代はとっくに過ぎた。人口も減少しつつある成熟社会（ポスト成熟社会とでも呼ぶべきか）で、キャリアを歩みはじめて、まだ数年から十年ちょっとというレベルの若手が、どのようなリアリティに直面しているか、生の声で定性的に理解することが、現代におけるモティベーションの実践にとって重要な課題になると判断したのであった。

その結果、合計14名の方の語りにもとづいて、生の声を尊重したモティベーション論を本書では目指した。生の声の解釈には、従来のモティベーション理論を活用している。読者の皆さんが、自分のやる気を自己調整するモティベーションの持（自）論を磨くのに、本書の事例の解釈が役立てば嬉しい。

本書におけるデータの収集は、ライターの大越裕さんが中心となった「若者仕事調査チーム」でなされた。収集されたインタビュー・データの解釈は、大越さんと編集担当者に神戸大学までお越しいただき、繰り返しチームで議論する中から、生まれたものがほとんどである。したがって、本文中、関連する理論の紹介は金井によるものだが、インタビュー部分は、大越さんとの「共著」であると私は思っている。

本書には、当初は配属に不満があったり、環境になじめないなど、仕事や職場が好きではなかったけれど、やがて仕事の面白さに目覚めたという方もたくさん登場する。読者の方が、こうした人生の先輩の経験を読むことで、自分の仕事のやりがい、面白さを発見していくヒントになることもあるだろう。

本書を読み終えた方々が、「よし、明日からまた元気に働こう」と思って、本を閉じてくださることを願っている。

２０１４年２月

金井壽宏

『「このままでいいのか」と迷う君の　明日を変える働き方』目次

序章

「働き方」に迷うとき

第1章

いったい仕事とは何なのか

第2章

働く20代がぶつかる問題

第3章 仕事の面白さを見つける

第4章 「会社」としたたかに付き合う

第5章 自分のキャリアを考える

※本書のインタビューは、２０１１年〜２０１２年にかけて実施されました。

編集協力　大越裕
ブックデザイン　小口翔平＋西垂水敦（tobufune）
ＤＴＰ　一企画

〈本書の製作にあたり、ご協力いただいた方々〉　※五十音順
有村ゆうかさん　小山優さん　澤渡隆寛さん　田口雄大さん　寺山丸毛さん
中井友紀子さん　樋口千夏さん　松井大介さん　森旭彦さん　山本純子さん
吉田憲二さん　渡邉真規さん
この他たくさんの方にご協力いただきました。ありがとうございました。

序章

「働き方」に迷うとき

「仕事」について考える

「生きがい」か、それとも「義務」か

マイケル・ジョーダンにとってギターを弾くのは遊びで、バスケットボールをするのが仕事になる。しかしエリック・クラプトンがステージやスタジオでギターを弾いた場合、それは仕事になり、バスケットボールを彼がすると、遊びになる。

やっていることは同じなのに、ある人にとっては仕事になり、ある人にとっては遊びになる。これは仕事というものを考える上で、本当に不思議であり、興味深いことではないでしょうか。

いったい仕事とは何なのか？　人はどんな姿勢で仕事に取り組むべきなのか？

この疑問に対して、実に様々な人が、様々なスタンスで考えを述べてきました。

そのうちの有力なひとつの意見が「自分にとって楽しい仕事をすべき」という考え方です。好きなことを仕事にせよ、愛する仕事こそ好ましい、と若い人にすすめる成功者はたくさんいます。

2011年に亡くなったアップルの創業者、スティーブ・ジョブズ。コンピュータの世界に革命を起こし、人類のテクノロジーの進化に多大な貢献をした、まさに偉大な仕事を成し遂げた人物です。その彼も、2005年6月12日、スタンフォード大学の卒業式で行なった有名なスピーチで、こう述べています。

偉大な仕事をするための唯一の道は、あなたの仕事を愛することです。もしもまだ好きなことが見つからないなら、探し続けてください。立ち止まってはいけません。本当に好きなことを見つけたときには、自分でもそれとわかるものです。

（スティーブ・ジョブズが2005年6月12日、スタンフォード大学の卒業式で行なったスピーチ原稿の翻訳）

しかし仕事についての考え方には、これとは正反対の意見もあります。「仕事とは、我慢をする代わりにお金がもらえるもの」「人がやりたくないことをやるから、お金がもらえる」「仕事は自分が楽しいことより、人の役に立つことをするべき」と主張をする人も、数多くいます。

確かに自分の好きなことばかりやっていても、それにお金を払ってくれる人がいる保証はありません。仕事は、必ず自分以外の「他者」がいて成り立ちます。

誰かの役に立つことで、はじめて仕事が完成する。このことも、間違いのない真理です。

私がこれまでに書いた本では一貫して、「仕事をつまらない、つらいものとは考えずに、面白いものと捉えてみよう」と主張してきました。最初はつらいだけと感じていた仕事でも、続けているうちに面白さが見つかったり、上達していることに気づいて楽しくなった、ということはよくあります。

人の役にも立つし、同時に楽しくもある仕事は、現実にあります。**「そんな仕事なんてあるわけない」とあきらめないこと**が大切です。エリック・クラプトンやマイケル・ジョーダンはすごい人ですが、それでも彼らを特別な人と思いすぎないことです。

しかし実際問題、仕事が面白くなくてディープに落ち込んでいるときに、他人から「続けていれば絶対面白くなるよ」といわれても、なかなか心からそうは思えないのも当然です。「もともと仕事というのは面白くないもので、その我慢の代償としてお金をもらえる」というのも正論です。「給料は我慢料」という言葉もあります。

また古典的な経済学でも、古典的な科学的管理法でも、基本的に仕事については、「労働者が報酬を得るために、仕方なくするつらいもの」という観点で考えてきました。

「ノルマ」という言葉がありますが、これは上司や自分が決めた、一定期間内に到達すべき仕事量のことを呼びます。もともとは旧ソ連で労働者に割りあてられた仕事の基準量を指す言葉です。第二次世界大戦時、旧ソ連圏に抑留されていた日本兵が、解放後に日本へ持ち帰ったといわれています。

今では営業マンに代表される幅広い業務などで、「今月はノルマが達成できなかったから、部長に叱られた」などと使われています。ノルマという言葉には、このように「厳しい」「つらい」という印象がどうしてもつきまといます。

私たち大学で研究をしている学者にも、ノルマもどきの仕事はあります。助手から講師になるためには、どのレベルの雑誌に、何本の論文を載せなければいけないとか、決められているのです。それが学者の「足腰」にあたる頭のトレーニングをきちんとしてきた証《あかし》として、クリアすべきハードルとなっています。

「仕事は面白く、生きがいになり得るもの」という考え方に対して、その一方では「ノルマ」という言葉からイメージされるような**「仕事はつらく、上から強制的に与えられるもの」**という考え方もあります。ところが、仕事で高いハードルがあっても、それを乗り越えるときはまた嬉しいものです。これは仕事について考える上で、どちらも見落としてはならない、とても重要な2つの側面ではないか、と私は考えます。

時代や地域によって異なる、仕事の捉え方

いったい仕事はつらいものなのか、それとも面白くてワクワクするものなのか？

仕事についての考え方は、歴史をさかのぼってみても、その捉え方が時代や地域によって変わっていることを見てとることができます。

ジョアン・キウーラという女性の研究者が執筆した『仕事の裏切り』（翔泳社、2003

年）という本は、仕事のことを考える上でとても参考になる一冊ですが、キウーラは同書の中で、**「古代ギリシャ人にとって、仕事は呪いであった」**と述べています。

「アリストテレスは、仕事は可能な限り奴隷にやらせるべきものだと考えただけでなく、利益のためにする仕事は災いとなりうる、と説いた。人は仕事ではなく財産（土地と奴隷）で生計を立てるべきであると考えたのだ（ジョアン・キウーラ、前掲書）」というのです。

キウーラの指摘に従えば、古代ギリシャ時代、アテネなどの都市部で暮らす市民は、誰もが「できる限り働きたくない」と考えていました。日常の生活を営むために必要な労働は、彼らに代わって奴隷が行なってくれました。そのため、働かないことが市民としての誇りになっていたのです。

ギリシャやローマの時代は、奴隷制度が社会システムに組み込まれていたため、労働という行為は、単なる苦役としか見なされていませんでした。

西欧において、働くことが「美徳」と考えられるようになったのは、イタリアでキリスト教の修道院がはじまった頃のことでした。修道院に集まった聖職者たちは、自給自足の生活を営むために、農業や家事労働を自分たちの手で行ないました。

しかし彼らにとって最も重要な営みは、「神への祈り」でした。**働くことはあくまでも**

信仰生活を送るために、仕方なく行なう「義務」という位置づけでした。

キウーラによれば、肉体労働を意味する「labor」の語源は明らかではないものの、重荷の下で滑ったりよろめいたりすることを指した、という説があるそうです。さらに「work」についても次のように説明しています。

「work」のそもそもの定義は「(人の)活動一般、ことを為す、行う」というものだった。オックスフォード英語辞典の初版はもう少し具体的で、「人によってなされる、あるいはなされたこと、人がやる、あるいはやったこと、行為、行動、手順、ビジネス」とある。ランダムハウス英語辞典は、より物理的な定義から入っており、「何かを生産する、あるいは成し遂げることに向けられた努力、苦労。労働、苦役」としている。ウエブスターの新完全版辞典に出てくるworkの最初の定義には、目的論的な傾向が見られる。すなわち、「何かをする、または作るためになされる肉体的または精神的な苦労、目的のある活動、労働、苦役」

(ジョアン・キウーラ『仕事の裏切り』、翔泳社、2003年)

つまり西洋人にとって仕事とは、あくまで苦役であり、ある目的のために仕方なくする行為と見なされてきたのです。

日本古来の自分を磨く「お勤め」

それに対して日本人は、まったく違う感覚を仕事に対して抱いていたようです。仕事にネガティブな感情を抱かずに、「働くことは貴いことだ」と多くの人々が当たり前のように考えていたと思える節があります。

歴史的に見ても、日本の人口のほとんどを占めていた農民は、日々「お天道さまに感謝して」働くことが自分たちの務めであるとしてきました。

自分たちの労働を通して、作物という収穫を得ることに、心からの喜びを感じようとしていたのではないでしょうか。日本の農村には田植えや稲刈りのときに歌われる様々な歌が残っていますが、それも農民たちが労働を少しでも楽しもうとしてきたことの表れのように思います。

またお寺の僧侶も、寺の掃除や炊事を行なうことを**「お勤め」と呼んで、修行の大切な**

一環であると考えていました。

神に祈るのは大切な営みだが、修道院の掃除などは仕方なく行なっている「義務」だという見方とは、だいぶ異なります。

座禅を組み、神仏に祈ることだけではなくて、働くこと自体が「勤行《ごんぎょう》」と呼ばれ、お祈りと同じくらい尊い修行のひとつであると考えていたのです。これは西洋の修道院の労働観とは、かなり違う考え方のように思えます。

「お勤め」という言葉は今の日本語でも、働くことを指す言葉として使われます。これは日本人にとって、働くことそのものが祈りだということが、深く心に浸透している表れだといえるでしょう。

誰でも制限の中で働いている

ルールの中でも楽しみは見つかる

西洋の「苦役」としての労働観と、日本古来の自分を磨く「お勤め―僧侶の勤行も含む―」としての労働観。そのどちらにも仕事というものの真実があると感じます。

私はこれまで大学で、30年以上にわたって仕事や組織の人間的側面について研究してきました。その中でいろいろな仕事に就く様々な年代の人に、その人が歩んできたキャリアや、働くことへのモティベーションについてインタビューしてきました。

「あなたはなぜその仕事に就いたのか？」「仕事のやりがいはどんなところにあるのか？」「仕事を通じて目指したい目標は何か？」といった質問を繰り返しました。

そのインタビューを通じて、あらゆる仕事に、それぞれの面白さがあることがよくわかりました。それと同時に、どの仕事にもつらい側面、厳しい側面があることも知りました。

鎌田慧さんの『日本人の仕事』（平凡社、１９８６年）という本があります。これはスタッズ・ターケルというアメリカ人のジャーナリスト・作家が書いた『仕事（ワーキング）！』（晶文社、１９８３年）という名著に触発されて鎌田さんが書かれたもので、３年をかけて１８０人もの働く人に取材し、その人たちの仕事を中心にした人生をあるがままに記録した大著です。

鎌田さんの本は、80年代の日本人の仕事の記録としては、これ以上にないほどの価値がある本ですが、この中に、あるスタジオ・ミュージシャンのインタビューが載っています。

仕事だから、楽しいこともつらいこともあるけど、まあ、スタジオの仕事はつまんないことが多いかな。でもね、つまらなくても、アレンジャーとかディレクターがぼくを指名してくれたからこそ仕事があるわけだから、よんでくれたことに応えなきゃいけないっていう気持ちはいつももってるよ。（鎌田慧『日本人の仕事』、平凡社、１９８６年）

スタジオ・ミュージシャンは、演奏のプロです。歌手やアイドル、シンガーソングライターなど、様々な人のレコーディングやライブの後ろで、黒子として楽器を演奏します。高いレベルの技量が求められますが、自分の演奏を必要以上に自己主張することはできません。

でも、「指名してくれたからこそ仕事がある」という発言からは、自分にしかできない演奏があるのでスタジオに招いてもらえたという自負や、アレンジャーやディレクターへの感謝の念が読みとれます。

でも、たいていは仕事と割り切ってやるって感じかな。スタジオの仕事も多いけど、ぼくは職人的なスタジオ・ミュージシャンの典型じゃないから、本当をいうと、人の要求に応じた演奏を毎日毎日やるのはだんだんだんつらくなってくる。割り切ってるつもりでも、だんだん割り切れない気持ちがどうしてもたまってきちゃう。（鎌田慧、前掲書）

そのように、自分の個性を演奏に反映できないためにたまったフラストレーションや苛立ちは、翌日気持ちを新たに演奏するためにも、その日のうちに解消するよう心がけている、とインタビューは続きます。

たとえば、家へ帰って、窓をあけて雲の流れを二時間くらい見てたりする。帰るのはたいてい遅いから、家族はもう寝てるからね。で、雲の形の変わっていくようすをボケッと見てて、あの流れをぼくだったらドラムでどう表現できるかと考える。それをやるためには技術的にどういう工夫をして、実際どうやったらいいか、なんて気ままに考えたり……。そんなことしてて朝になっちゃうこともよくある。まあ、これは一つの例だけどそういう時間がないと、自分の演奏のなかに新しさを発見できなくなってしまうような気がするから……。なるべく自分の時間をつくって自分のやりたいことを明確にしておきたい。だって、人生には三回チャンスがあるってよくいうでしょ。チャンスがきたときには自分の力をフルに出せるようにいつでも準備しておきたいから……。本当は、一日なにもせず、好きなことを考えてその考えが頂点に達したときにコンサートをできれば最高だけど。（鎌田慧、前掲書）

仕事には必ず「こうしなければならない」という制限があります。業務上のマニュアルや、様々な職場のルールなどに囲まれて仕事をしているうちに、自分がまるでひとつの歯車のように思えてきて、仕事が嫌になってしまう。そういう人は少なくありません。

しかしこのスタジオ・ミュージシャンの方のように、どんな仕事でも、制限がある中で楽しみを見出し、自分なりの個性を出すことができるのではないか。

そしてその工夫と努力が、「つらいだけの仕事」から「面白くてやりがいのある仕事」に変化する糸口になるのではないか。そんなふうに考えることもできるのです。

譜面に書かれたことと両立させながらも、自分なりの演奏法に挑戦できるのと同様、マニュアルや業務手順と両立させながら、自分なりの工夫をしたり、持味を出すことが大切ではないでしょうか。

悩みながら働く「ふつう」の20代・30代の声

いろいろな雑誌や新聞などで、私たちは毎日のように、様々な職業の人たちが仕事について語るインタビュー記事を目にします。

しかし、その多くは社会的にも有名な人や、作家や俳優などの少し特殊な仕事に就いている人たちです。

たとえば「徹子の部屋」のような番組に出る人も、すべて有名人です。あの番組は、黒柳徹子さんがその巧みな話術で、ゲストの人生のストーリーを聴き出していくことに面白さがありますが、一般の無名の人がゲストとなることはありません。

もちろん雑誌の売り上げや視聴率を考えれば、有名人を出さざるを得ないのでしょう。


でも私たちのほとんどは、有名人でもないし、特殊な仕事に就いているわけでもないのが現実です。

毎日デスクでパソコンに向かったり、営業に出たり、打ち合わせを重ねたり、お客様を迎えたり……といわゆる「ふつう」に働いています。私の場合も、授業をしたり、学内行政にかかわる会議に出たり、対大学本部あるいは対文部科学省の書類作成をしたりと、大学に勤務する者としては、「ふつう」の仕事をしています。

しかし**「ふつう」に働く人にも、それぞれの人生を歩んできたストーリーがあるはず**です。

この点、スタッズ・ターケルの『仕事（ワーキング）！』（前掲書）と、鎌田慧さんの『日本人の仕事』（前掲書）は、例外的に興味深い大作で、様々な人の仕事の世界が垣間見れます。

私たちの身の回りで暮らしている、私たちの隣人たちが、どんな思いで日々の仕事に取り組んでいるのか、その深層に迫ったインタビューを読んでみたい。ふつうに、一生懸命に働いている人の語りに注目したい。

私は鎌田さんの本の、スタジオ・ミュージシャン、ファッション・モデル、とび職人などの言葉を目にしたときに、生の語りは迫力が違う、現場で働いている人たちの話を聞くのは大切だと実感しました。

そこでこの本では、ミュージシャンやモデルなど特別な人ではなく、できる限り「ふつう」に働く人たちの「生の声」を取り上げることにしました。それも今、仕事で悩むことの多い20代から30代までの人々です。

「現在の日本で、ふつうに生きる若者たち」のリアルな仕事観と、それについてキャリア学の観点からの分析を加えたのが本書です。

本書に登場していただいた人たちに共通するのが、こんな厳しい時代にもかかわらず、ポジティブに日々の仕事に取り組まれていることです。

彼らの仕事に対するスタンスは、それぞれ違います。

熱く将来の夢に向かって邁進する人もいれば、クールに目の前の仕事を淡々とこなす人もいます。お金のことは二の次でとにかくやりたいことを優先する人もいれば、「仕事はあくまで食べるため」と考えてプライベートと切り離している人もいます。

今現在、仕事で悩んでいる若い方は、そのどちらの実例からも、きっと学ぶことがあるはずです。「迷っているのは自分だけではないんだ」「仕事を続けるうちにはうまくいかないこともある」と知るだけでも、元気が出てくることでしょう。

第1章

いったい仕事とは何なのか

日々の仕事に何を求めるか

仕事は「電球」のようなもの

冒頭で述べた仕事には2つの側面がある、ということについて、まず最初に考えてみたいと思います。いったい仕事とは「つらく、義務という位置づけの苦役」なのか、それとも「面白く、自分を磨くお勤め」なのか。

まず、「仕事とはお金を稼ぐための手段である」という考えで働いている人の事例をご紹介します。

◆Uさん（**26歳、女性、専門商社、総務部**）

Uさんは、「私生活と仕事は、切り離すべき」と考えています。

彼女は新卒で文房具を扱う専門商社に入社し、総務部に配属されました。タイムカード計算や名刺の発注、運送代の集計、備品確認、朝礼やトイレ掃除当番表の作成などの仕事をしています。

社内のいろいろな部署とやりとりがあり、同じ総務部の10名のメンバーとチームで働いています。会社が環境ＩＳＯを取得しているため、ゴミ捨てひとつとっても疎かにはできず、社内から出た様々なゴミの仕分けなどもＵさんの大切な業務のひとつです。

そのＵさんは、学生のときから「事務系の仕事がしたかった」といいます。

「クリエイティブな仕事や、サービス業などの接客業は、『こうすればいい』という答えがないので、自分には向いてないと思っていました。雑貨が好きだったので、雑貨を扱う会社の事務職を探したんですが、メーカーに就職した場合、自分の会社のブランドしか扱えません。それで、より多くの商品を扱える卸会社（専門商社）を選びました」

Ｕさんもやはり、どんな仕事でもよかった、というわけではなく、自分の興味のある分野で働きたかったようです。しかしそれでも「仕事に熱い気持ち」や「仕事で自己実現する」というような思いを抱くことはないようです。

それには中学生のときに起こったことが影響しているかもしれない、とＵさんはいいます。Ｕさんが中学生のとき、両親が脱サラして長年の夢だった料理店を開業しますが、経営はなかなか軌道に乗らず、Uさんは家事を手伝いながら、アルバイト代などで家計を助けてきました。

そんな両親の姿を見てUさんは、「好きなことを仕事にしても失敗して苦労するなら、仕事はあくまで稼ぐための手段と割り切り、好きなことは趣味でやればいい」という考えを自分の中に確固として持つようになりました。

Uさんは学生時代の友人と久しぶりに会っても、自分の仕事に対する感覚が他の人とはちょっと違うことを感じています。

友人の仕事の話を聞いていると、そのほとんどが「今の仕事はつらい」「辞めたい」というのです。それを聞いていると、「不満がない会社などめったになく、皆いろいろと我慢しながら働くものなんだな」と思います。

「今の仕事にやりがいを感じることはありません。でも、それを期待して入社したわけではないので、不満も一切ありません。仕事が苦痛だと思ったこともないですね」

Uさんはプライベートでは多趣味で、カルチャースクールに通ったり、好きなバンドのライブを聞きに行ったりと充実しているため、毎日の生活はとても楽しいといいます。

彼女に「あなたにとっての仕事を、一言で表すと？」という質問をすると、「電球のようなもの」という答えが返ってきました。
仕事を電球にたとえた理由は、「スイッチを入れるまでは、仕事は自分の人生にとってないも同然だから」だそうです。

「やりたい仕事が見つからない」のは不幸か

Uさんのように、「仕事に過度の期待を持たない」という働き方は、ひとつのライフスタイルのあり方として尊重されるべき考え方だと思います。

世の中の多くの著名人や、ビジネス書などでは、「やりたい仕事を探すべきだ」などという人がたくさんいます。しかし「やりたい仕事」が見つからないからといって、それで不幸になるわけではありません。考えてみれば、日本人が今のように職業を自由に選べるようになったのだって、歴史的に見ればここ最近のことでしかないのです。

近年の日本では、農家に生まれたら農業をするとか、父親が大工なら自分も大工になるといった世襲の社会ではなくなり、職業の流動性は高くなっています。それでも、自分で選んだ仕事で「自己実現する」ところまで持って行くのはなかなか難しく、多くの人が食べるため、生きていくための「生業《なりわい》」として働いている面があります。

Uさんも、**「自己実現につながる仕事」ではなく、生きていくための「生業」**として当たり前に働いているわけです。

Uさんは「仕事」を「電球」にたとえています。その理由として、「スイッチを入れるまでは、仕事は自分の人生にとってないも同然だから」と答えています。スイッチを入れれば出現するけれど、いったんスイッチを切れば、仕事は彼女の人生から消滅してしまうということです。

この答えには「なるほど」と思いました。彼女の仕事に対する気持ちが非常に巧みに表現されています。こうした「たとえ話」の理由には、その人の深い気持ちが表れることが多いのです。

好きなことを仕事にしている人の中には、いつも仕事のことが頭から離れない、という人もいます。四六時中仕事のことを考えていると、どこかでしんどくなるものですが、Uさんは、そんなしんどさからもフリーになっているように見受けられます。

このUさんは、「自分がどういう人間なのか」をきちんと把握しています。

「やりたい仕事や好きな仕事は、探して見つかるものではないと思うし、見つからないかといって、必ず不幸になるものでもないと思います」というUさん。

彼女の考え方は、「自分にはもっと向いた天職があるのではないか」と悩んだり、就職活動で際限のない「自己分析」の泥沼にはまってしまう人からすると、意外な、そして興味ある視点ではないでしょうか。

もともと仕事なんて、心底悩むものではなくて、日々のご飯を食べるためにするもの。そう考えることで、気楽に取り組めるようになることがあると思います。

自分がどのような人間なのか。**好きな仕事に打ち込みたいタイプか、それとも仕事に多くを望まず、好きなことは趣味で満足できるタイプか。**

仕事で悩んだら、まずはそこから思案してみることで、何かが掴めるかもしれません。

「やりたいこと」を仕事に据える

一方で、同じ20代の女性で、「やりたいこと」「好きなこと」を仕事にしようと奮闘している人もいます。

◆Oさん（26歳、女性、アミューズメントパーク、企画・宣伝部）

アミューズメントパークの企画・宣伝部に勤めるOさんは、大学在学中に受けた広告クリエイティブ論の授業に引き込まれました。授業でゲスト講師として登壇するクリエイターたちの話がとても面白くて、サークルは広告研究会に入り、広告コピーのスクールにも通ってみました。広告の世界は、学べば学ぶほど人も物もキャッチコピーもユニークで魅力があり、「将来は絶対、広告・プロモーションに携わる職種に就く」と決めました。

そこで就活も広告・プロモーション業界を中心に受けることにしました。しかし大手広告代理店の内定からは惜しくももれ、「広告会社ではなくても商品の宣伝や広告をする仕事ができれば……」と現在の会社に就職することになります。そのアミューズメントパークは広告宣伝にも力を入れており、働いているうちに自分もプロモーションに携わるような仕事ができるだろう、と考えたのです。

しかし思ったような仕事には、入社後なかなか就くことはできませんでした。入社1年目の現場研修のときには、ゲートでお客様の切符を切ったり、園内アトラクションで安全ベルトを締める係などの仕事をしました。

自分より年下の学生アルバイトに仕事を教えてもらう立場でいるのも情けなかったし、本社採用の自分のほうが、現場の人より給料が少し高かったため、嫌味をいわれたりしたこともありました。

その現場研修は1年間で終わると決まっていましたが、その間にOさんは、「本当に仕事が嫌になってしまった時期もありました」といいます。

Oさんは、研修を終えてようやく希望の宣伝部に異動できました。しかし、周囲の先輩たちは忙しく、誰も仕事を教えてくれません。何をしたらいいかわからず、ぼーっと過ごしてしまった時期もありましたが、実績を出さないとすぐに飛ばされてしまう部署なので、「何か自分からやらなければ」と思うようになりました。

Oさんが仕事を楽しく思えるようになったきっかけは、ウェブサイトを一新するプロジェクトに参加させてもらったことでした。自分が中心になって新たなウェブサイトを立ち上げたところ、閲覧数が前に比べて跳ね上がったり、デザイン評価サイトで話題となる結果となって、「これは自分がやり遂げた仕事だ」という手応えを感じました。

今では、新しいアトラクションのPRの作戦を考えて実施したり、マスコミの取材を調整するなど、以前に思い描いていた世界と近い領域の仕事ができるようになりました。

忙しくてランチを食べる暇さえない日もありますが、それでも広告の面白さを実感しているOさんは「仕事がつらい」とは思わないそうです。

「Oさんにとって仕事とは何ですか」と聞くと、「エンターテイメントです」という答えが返ってきました。

「お客様を楽しませるためには、まずふだんの生活で自分が楽しまなくては、と思う。それと同時に、仕事とプライベートもいつの間にか一緒になっていて、デートで遊園地などに行っても、ついライバル会社の視察みたいになってしまいます。気づくとレストランの回転率や、仕入れ値などを計算してしまったりするんです」

と、今の生活を楽しんでいる様子がうかがえます。

ぶれない「軸」を持って働く

Oさんが仕事の壁を乗り越えたきっかけは、ウェブサイトを一新するプロジェクトにかかわったことでした。プロジェクトタイプの仕事は、いつもあるルーティンの仕事とは異なり、次に述べるいくつかの理由から、**「仕事で一皮むける」きっかけとなること**が少なくありません。

ひとつ目は、「特定のミッションのために、その実現に貢献できる人が集められる」ということです。そのプロジェクトに参加するということは、「この人ならばできる」と上司が判断し、メンバーに選出したということですから、それだけで誇りが持てますし、自信が生まれます。

2つ目に、プロジェクトタイプの仕事には、他のメンバーにも組織内でエース格と見なされる人が選出されていたり、プロジェクトを牽引するリーダーにモデル（手本）となるような人物が選ばれるケースが多いことです。そのような優れた同輩、先輩から刺激を受けるのは、貴重な機会となります。

3つ目に、プロジェクトの仕事は必ず期限があります。それもしばしば厳しい短納期での問題解決など、一定の成果が求められます。成果を達成するためには、努力と自分自身の成長が必要になりますし、仕事の一部だけでなく、全貌にタッチすることが多くなり、よい形で厳しく鍛えられることになります。

Oさんが新規プロジェクトによって大きく成長したのも、この3つの要因のいくつかがあってのことでしょう。

Oさんの働き方は、前述のUさんとは正反対のように見えます。彼女にとって、仕事は自己実現の場に近く、プライベートと仕事の境目は濃厚ではありません。

一方で共通するのは、OさんもUさんも、**「自分が大切にしたい価値観」をしっかりと把握している**ということです。

誰かから強制的に「こうしなさい」と命令されて働いているわけではないし、二人ともに自分の「軸」があって、それに従って無理なく働いている印象を受けます。このお二人の考え方をご覧になるだけで、いろいろな生き方、働き方があり、一見対照的なようでも、根っこのところで共通する部分もあることもわかっていただけるのではないでしょうか。

大事なことは、自分の「軸」が持てるかどうかだと思います。働き方は人それぞれですが、そこに**はっきりとした「軸」があって、納得できているのであれば、それはその人にとって正しい働き方**だといえるでしょう。

また、自分の働き方についてそのような「軸」を持っている人は、働き方がぶれないので、職場で信頼されます。キャリアの後の段階で、リーダーシップを発揮する人は、ぶれない「軸」を持っていることが多いのです。

人を仕事に向かわせるもの

行動のエンジンは「危機感」か「希望」か

Uさんのように「生きるために働く」という考え方は、序章で紹介した西洋的な労働観につながるところがあると感じます。それに対してOさんの「自己実現の場」としての仕事のスタイルは、仕事を「自分を磨くもの」としてポジティブに捉えている点で、日本古来の「お勤め」としての労働観と共通するものがあります。

二人の仕事観は、「生きるため」という「危機感」で働いているのか、それとも「未来の自分」という「希望」のために働いているのか、そこに違いがあるように思います。

少し経営学を学ばれたことがある人なら、ダグラス・マクレガーのX理論とY理論の対比を思い起こされることでしょう。

私は組織・人事の視点から、働く人の勢いをどうすれば高めることができるのか、ゲストの話題、読み物、レポートを通じて議論する「人勢塾」という実践的な研究会を、二人の同僚とともに神戸で開いています（人勢塾の第一期は、『「人勢塾」ポジティブ心理学が人と組織を鍛える』（小学館、2010年）として書籍になっています）。

その会で、ポジティブ心理学の観点から、今のような厳しい時代にどうすれば人々の「やる気」を引き出せるのか、お話ししたことがありました。それは、こんな内容です。

まず、人を動かすのは「危機感」や「ハングリー精神」といった、どちらかというとマイナス方向・ネガティブなものなのか。それとも「ビジョン」「夢」「希望」「将来の目標」などの、見るからにポジティブなものなのか。

どちらが有効なのかについて、いくつかの場面を具体的に考えてみましょう。

ネガティブな例でいえば、システムを開発するエンジニアが、担当するプロジェクトが予定より大幅に遅れてしまっているような状況が考えられます。

あるいは、営業パーソンがお客様を怒らせてしまい、これからお詫びに行かなければいけないような状況も考えられるでしょう。

経営者レベルでいえば、会社が大きな赤字を出してしまい、不渡りが出そうになっているような状況です。

このような状況に陥ってしまったときは、**危機感や緊張感を持って動き出すことが大切**です。そのようにできない人は、その世界で働き続けるのが難しくなります。

コンピュータやソフトウェアなどの開発に携わる人からよく聞く言葉は「これ以上遅れたら、えらいことだ」というセリフです。そう自覚すればこそ、踏ん張って、何とか納期までに間に合わせようと努力します。私を含め、世の中の多くの著述家も、いつも「予定より原稿が遅れている」「締切に間に合わない」という危機感、関西弁でいえば「えらいこっちゃ」という気持ちによって、机に向かわざるを得なくなります。

経営者も同じです。多くの経営者が、会社の大変革をはじめるときには、「今この危機を乗り越えなければ私たちの会社は沈む」と社員たちに訴え、一致団結を呼びかけます。

より小さなレベルでいえば、8月20日になっても夏休みの宿題に何ひとつ手をつけていない子どもは、「このままではまずい」と思って、ようやく机に向かいます。

人間は本能的に、「危機」に対しては迅速に、最優先に対処するように、プログラミングされています。もともと人間は、大きな牙やツノも持っていないし、俊足でもない生き物です。熊のような獰猛《どうもう》な生き物を遠くに見かけたときに、ここでも関西弁になりますが、「こりゃえらいこっちゃ」と危機感を持つことができなかった個体は、進化の過程で淘汰されていったことでしょう。

つまり**人間は、元来からある程度、心配性で、危機感が行動のエンジンであるのが自然**なのです。

第一歩として、「ネガティブな動機」は重要

モティベーションに関するこれまでのたくさんの研究を見てみても、初期に発表されたものほど、危機感や欠乏に関する人間の反応に注目しています。

中でも有名なのは、偉大な心理学者のクルト・レヴィンが残した「そもそも人が動くのは、人というシステムの中にテンション（緊張）が生じるからだ」という言葉です。

危機感があるからこそ、何かをしようという気持ちになる、という考え方です。この「危機感を通じての動機づけ」は、学説史的に古いだけでなく、進化論を代表する生物学

的観点からも説得力があります。

人間の歴史を振り返ってみても、人類の多くが生存を脅かされるような慢性的欠乏から抜け出すことができたのは、産業革命以降、すなわちわずかここ200年程度のことにすぎません（それでもアフリカやアジアの発展途上国では今なお飢餓が続いています）。大雨や日照りなどの天災が起こったり、作物の伝染病が流行したりすればすぐに、食べられない、安心して生きていけない、という状況に陥る時代のほうがずっと長く続いてきたのです。

仕事においても同じです。まずは食べること。長い間、家族を養うための衣食住を確保することが何より先決でした。**働かなければ生存が難しいという状況**では、「働きがい」や「仕事それ自体の楽しみ」などを考える余裕はありません。

危機感や緊張感というものが、働く上での第一歩として本質的に重要であるのは、基本的に今の時代でも変わりません。

実際、最近の日本でも、「格差社会」などと盛んにいわれ、雇用環境の厳しさが報じられています。そのために「やりがい」や「働きがい」を求める人よりも、「とにかく安定して働ける場を与えてほしい」という声を上げる人が、以前よりずっと増えています。

「ポジティブな動機」がモティベーションを保つ

その一方で、たくさんのモティベーションの研究によって、「達成感」「進捗感」「周りからの承認」「自分の成長感」「自尊心」「将来の希望や期待・展望」というものが、個人の働き方にとても大きな影響を与えることも明らかになっています。

無理かと思われた短納期のプロジェクトをやり抜いたエンジニアならば、大きな達成感を味わい、自分の仕事の能力に自信を持つことでしょう。また納入先が喜んでくれる姿や、上司や周りの同僚からの賞賛が、周りからの承認として励みとなることでしょう。

そういう経験を何度か積めば、厳しい納期のプロジェクトでも「最後までやり抜く」「期限内に達成するぞ！」という希望を持って取り組めるようになります。

優れた経営者は、ただ社員の危機感に訴えるだけではなく、夢やビジョンを実現したときの喜びを語ります。だからこそ立ち上がった社員は、**危機感だけでなく、希望も持つがゆえにがんばり抜ける**わけです。

遅まきながら8月20日に夏休みの宿題をはじめた子どもも、残りの11日間を、「このままだと先生に怒られる」という危機感に駆られるだけで過ごすわけではありません。

自分ががんばった分だけ、確実に宿題の残りの量は減っていきます。そのことで日々の達成感や進捗感を味わうでしょうし、宿題をやっている中で、知らなかったことを覚える喜びが勉強を後押ししてくれるでしょう。

そういう喜びがあるからこそ、「このままだと怒られる」という不安や緊張感に加えて、「このままいけば8月31日には終わりそうだ」と期待や希望が持て、モティベーションが保てるのです。

また、絵を描くのが好きな少年が、夏休み中、昆虫採集や海水浴に夢中になってしまって、あと3日で夏休みの終わりの日を迎える、という状況だったとします。少年は「今日中に仕上げなければまずい」と考えて、猛然と絵を描き出したところ、我を忘れるほど没頭する経験をしました。その少年は、そのときの没頭して絵を描く気持ちよさが忘れられず、将来、画家になる道を選ぶかもしれません。

危機感に後押しされた行動が、没頭の喜びを教えてくれて、人生を変えるきっかけとなることもあるのです。

つまり人が行動を起こすには、危機感と同時に、**ポジティブに自分を鼓舞してくれる感**

情も必要なのです。

このように考えると、やる気を取り戻したいときに危機感だけに訴えるというのは、モティベーションを高める上で、片方の面にしか焦点をあてていないことがわかります。危機感と将来のビジョン、緊張と希望、不安と夢、それらを同時に組み合わせて、自分のやる気に火をつけることが肝心なのです。

ポジティブとネガティブの根はひとつ

もう少し、ポジティブ心理学についてお話ししたいと思います。

ポジティブ心理学を提唱したのは、マーティン・セリグマンというアメリカの心理学者です。それまでの心理学が、無力感や鬱、神経症や不安、攻撃性といった人のネガティブな側面ばかりを扱いすぎていたことから、その反対に、**幸福や希望、感謝や楽観主義、好きなことに没頭すること、前向きなやる気など、人をエンパワーメントさせる心理**について研究していこうと、１９９８年にアメリカ心理学会の会長就任スピーチで演説したことが契機となって、大きく盛り上がりました。

その後は経営学や現実のビジネスの分野でもこのポジティブ心理学が応用され、ミシガン大学やネブラスカ大学でそれぞれポジティブ組織研究のスタート、ポジティブ組織行動論の立ち上げなどの動きが見られました。また人材育成に取り組みたいと考える教育機関や業者、コンサルティング会社などにも、ポジティブ心理学を応用しようとする動きが見られます。日本でもポジティブ心理学の成果を正確に理解しつつ、これに取り組む人たちが増え、多くの組織研修や企業の人材育成に取り入れられるようになることを願います。

しかしこのポジティブ心理学について、私は自分が尊敬する松岡正剛さんと対談していたときに、とても印象に残る反応をもらったことがあります。それは私が「経営学でもポジティブ心理学に注目されていますよ」と話したところ、正確な引用ではありませんが、「人の信念や暗いところまで見据えて考えずに、ポジティブな側面にばかり注目していると、能天気で底が浅い論考になりかねませんよ」という趣旨のご意見をいわれたのです。これは対談の記録には入っていませんが、確かに一理あると思います。

「やる気の自己調整」の研究からわかったことは、危機感もそれに押しつぶされなければ、がんばりを生み出すということです。ネガティブの中にポジティブなものを見出すこともできるし、最初はポジティブだったものが、いつしかネガティブなものに転化していくこともあります。

たとえば、仕事が充実しているときは昼夜を忘れて働いてもまったく苦にならず、前向きに取り組むことができていたのに、信頼していた上司が転勤してしまったことがきっかけで、がくんとやる気を失ってしまい、とたんに日々のハードワークがつらいだけになってしまう、というようなケースは珍しくありません。しかし頼れる上司がいないという危機感があったからこそ、より仕事に必死で向き合うことになり、成果を上げることができた、というケースもあります。

個人が長期間、前向きにやる気を持って働くためには、そのアップダウンのダイナミックな波動に注目することが、何より大切だと思うのです。

今では、人間や集団、さらには組織や産業社会に潜むネガティブな面も踏まえてこそ、ポジティブ心理学やポジティブ組織行動論に深みが出るのではないか、と思っています。

人を動かす「危機感」と「希望」という二大要素が、実は裏と表の関係であるということ、ポジティブとネガティブの根はひとつであるということを、仕事で何か悩んだときには思い出してみるといいでしょう。

やりたい仕事とお金の関係

「お金」と「やりたいこと」両者を追う

次に紹介するフリーライターのMさんは、「お金」と「やりたいこと」の両立について悩みながら働いている男性です。

◆Mさん（**30歳、男性、フリーライター**）

Mさんは大学を出てから、関西にある大手出版社の支社で契約社員として3年ほど働いていたのですが、25歳のときに貯金100万円とマッキントッシュのノートパソコンだけを持って、単身で上京しました。

そのときにMさんが考えていたのは、次の4つだそうです。

・自分の名前だけの名刺で仕事ができること（肩書きが必要なくなること）
・自分にとって最も自信の持てることで勝負すること
・歴史に残る可能性があることをすること
・人の役に立つこと。それもできるだけ多くの人にとって

そう考えた結果、ライターという仕事に辿り着いたといいます。また文章を書くのが単純に好きだったというのも理由でした。

大学卒業後、契約社員として働いていた会社でグルメライターをしていた経験があったため、上京後も人の紹介などで仕事が入ってくるようになり、ビジネス雑誌やウェブサイト、書籍などのライティングをたくさん手がけるようになりました。

またライターだけでなく、仕事でつながりができたカメラマンや編集者などの人脈を活かして、イベントのセッティングも行なうようになりました。

そのようにして、出版界やクリエイターの人々とのネットワークが増えるにつれて、どんどん仕事がくるようになりました。今では忙しすぎて、断らなければならないほど仕事が舞い込むようになったそうです。

稼げる月は、同い年のサラリーマンの月給よりだいぶ多くお金が振り込まれることもあります。しかし働いた分だけしか入ってこないので、収入にはばらつきがあります。

Mさんに「仕事は楽しいですか？」と聞いたところ、

「楽しいも何も、それしかやれることがないんです。楽しいことも、悲しいこともありますが、退屈はしません。が、こういう生き方を選んで『やりたいことをやれるので楽しいです！』とはいいません。特に自分の感性がお金で評価される、というところに難しさがあります。お金を得るために自分の感性を曲げる、自分の感性のためにお金を我慢する、どこでバランスをとるか、どう自分の心をマネジメントするか、日々苦労しています。心の強さや、総合的な人間力が必要だと感じています」

という答えが返ってきました。Mさんの今の一番の悩みは、やりたい仕事と、お金をもらえる仕事、そのバランスをどうやってとっていくかです。

自分がやってみたい仕事は、本当はもっと作家的な仕事だといいます。

「お金のためだけの仕事を受けすぎていて楽しくない、という感覚は最近ずっと続いていました。そこで『いつか作家になりたい』と考えていたので、とにかく形にしてみようと、先日絵本をつくりました。本当にゼロからすべてつくったので大変でしたが、完成したときはとても爽やかな気持ちになりました。妹が絵かきなので、共作で何かつくろうと今たくらみ中です。一切お金にはなっていませんが」

「Mさんにとって仕事とは何ですか?」と聞いたところ、「自分の価値を、社会において確認するための大切な機会だと思っています」という答えが返ってきました。

「多分、今の僕なら、この世界から貨幣経済とか資本主義とかが消滅しても文章は書くと思います。そういう意味で、僕にとっての仕事はお金を稼ぐ手段でありながら、生きている証《あかし》を残すための行為であるともいえるかもしれません」

計算が働くことも大切

Mさんは、フリーランスのライターという立場です。会社勤めではないことから、労働とお金の問題について切実に考えている様子です。

会社で働いていれば、毎月決まった日に一定の給料が支払われますが、自営業やフリーで働いている人は、仕事をして評価された分しかお金が入ってきません。それゆえ、お金についてはシビアになりがちです。その一方で、やりたいことをやるために会社勤めではなく独立することを選んだ、という人がほとんどでしょうから、仕事を通じて自己実現を考えることも多くなるでしょう。

最近の学生に話を聞いていても、「お金とやりたいこと、どちらを優先するか」で悩んでいる人は少なくありません。きれいごとのアドバイスをいえば「やりたいことをやれ」ですが、**「やった分だけきちんと報酬をもらえる」ということも、とても大事**だと私は考えています。

たとえば「絶対に自分はプロのミュージシャンになる」と決めて、10年続けてもまったく芽が出ない。周囲の友人はどんどん結婚して、子どももできて、やがては車や家を買って、しっかりと家庭を築いている。一方で自分はいつまで経っても夢を追い続け、アルバイト暮らしをしている。そういう人は、周りから見ると、「いったい将来はどうするんだろう」と、とても心配になります。

もちろん、最終的にその夢に近づいたり、それを実現させたりする人もいます。

夢を実現する人にとって重要なステップは、夢の現実吟味（reality testing of dreams）です。これは自分の描く夢が、文字通り夢のままに終わらず、自分の力と自分の置かれた現実に照らし合わせながら、実現可能なものになっているかを確認する作業です。

この作業が難しいのは、現実に引き寄せすぎると夢の中味が薄まったり、弱まったりするためです。他方で、その夢があまりにも大きすぎたり、奥行きが深すぎたりすると、時間をかけても実現しないことになります。

しかし虹のように、いつまで経っても辿り着かなくても、追い求める先に崇高なものがあったほうがよい、という人もいます。虹に辿り着くことはなくても、虹に近づくプロセスが人を動機づけることにもなります。

夢や、やりたいことを犠牲にしてまでお金を追い求めることはありません。しかし生活の基盤をつくるためには、ある程度のお金は必ず必要になります。

自分が追求していることに意義を感じられるからといって、報酬を軽んじてはいけません。「この仕事であれば、ちゃんと自分は結果を出すことができる」。働く上では、そのように事前にある程度、「計算が働く」ことが大切です。そういう人のことを、関西弁では「ちゃっかりしている人」ということがあります。

●マズローの欲求階層説

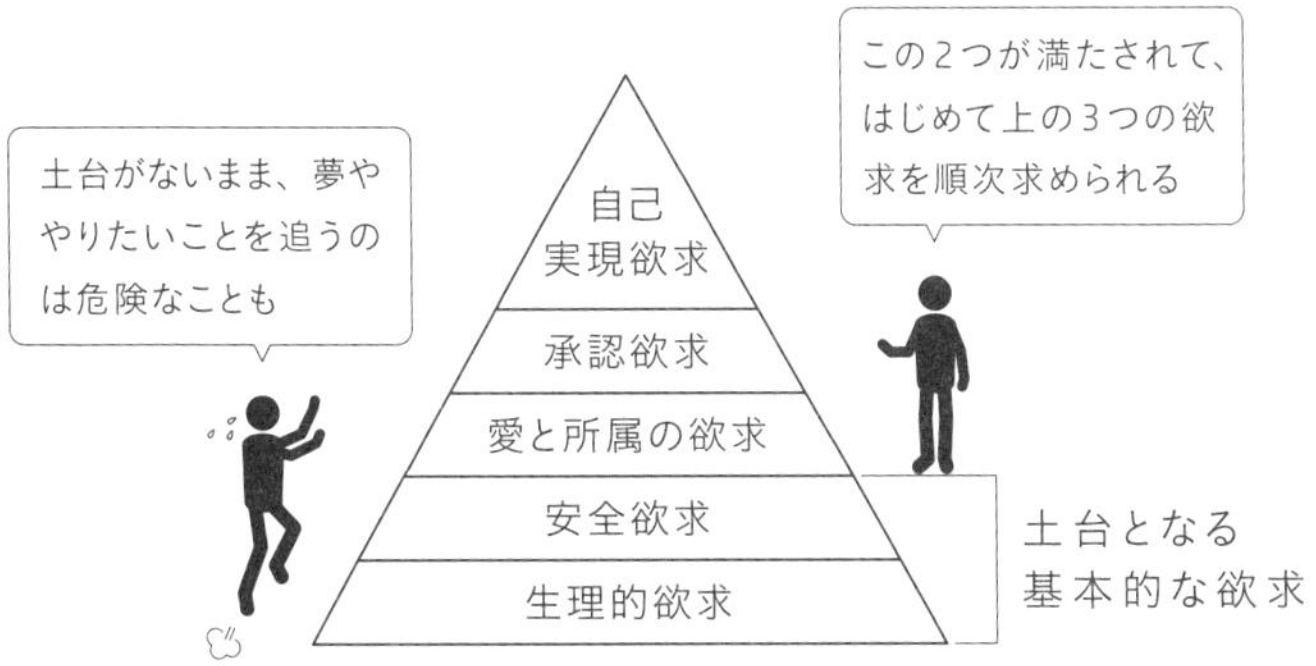

あまりにも計算高くて、「打算的」になると行きすぎですが、ちゃんと儲かるか、儲からないかを判断して、その上で行動する。そういう人のほうが、周りの人も見ていて安心できます。「自分のやりたいこと」を優先する人より、「ちゃんと働いて生活すること」を優先している人のほうが、自分自身も周囲の人も、安心できるのです。

有名なマズローの欲求階層説でも、一番下にあるのは「生理的欲求」で、その上が「安全欲求」です。それらは下にあるからといって決して「レベルが低い欲求」というわけではありません。人間にとって最も基本的で、その欲求がしっかりと満たされない限りきちんと生きていけないから、一番土台に置かれているわけです。

「生理的欲求」と、「安全欲求」が満たされて、はじめてその上の「愛と所属の欲求」や「承認欲求」「自己実現欲求」を求めることができるようになる。基本がぐらついているのに、「世の中で有名になりたい」と考えたり、「自分自身の夢を実現したい」と思ってばかりいるのでは、危険なことになりかねません。

「一途さ」と「柔軟性」のバランス

仕事の世界は、やりたいことに邁進する、という「一途さ」と同時に、やりたいことを現実にするための「柔軟性」も必要なのです。

この「柔軟性」は、妥協とは違います。やりたいことに近づくために、けっこうな時間がかかりそうな場合に、必要とされるものです。**より遠い目標をあきらめず、それに近づくためには、多少の迂回をすることになっても歩みを進める**、そんなイメージです。

やりたいことをできるのは、嬉しいことです。しかし、実際にやってみないと、それが本当にやりたいことだったのか、わからないこともあります。

たとえば、グラフィック・アートやデザインなどアーティスティックな仕事の場合、あこがれだけで経験が少なかったり、また具体的な人物に出会ったことがなければ、現実的な姿がイメージできないこともあります。

そんな中、Mさんのように、やりたい仕事に巡り合え、またその仕事を通じて大勢の人と出会うことができるのはすばらしいことです。自分のことを認めてくれる仕事のパートナーと、その先にお客さんがいるから、お金につながっているのです。

アーティスティックな仕事をしている方の中には、感性や、創造性のように評価が難しいものが、お金という数値で評価されることに違和感を持つ人がいます。特に、自分がいいと思うものと、周りの人の評価が違うときには、そう思うでしょう。

でも、同時に、自分の創造したものに価値を認めてくれる人が、自分に報酬をもたらしてくれるのです。そのことに感謝するという気持ちがあれば、「ちゃっかり」というのも、肯定していいのではないでしょうか。**好きなことであっても、それで生活ができるかどうかという問い**は忘れずに。

自分の感性のために、金銭的報酬で仕事を選ばないというのは、なかなかできないことです。Mさんが抱えている「お金」と「やりたいこと」の両立という悩みは、高潔な悩みといえます。だから、次のステップがどうなっていくのかが楽しみです。

同時に関西人としては、**「ちゃっかりしたところも持つ」という姿勢も、大事にしてほしい**と思います。

Mさんは「計算高くないのが美徳である」「お金のためだけに仕事を選ばない」という気持ちを大切にしています。きっとこれからも仕事を通じていろいろな人に出会い、いろいろな迂回があるでしょう。

その迂回の中で、〝これしかない〟という一途さと、〝いろいろやってみる〟という柔軟性を、ともに大事にできているような人と出会ったとき、そんな生き方のできる人の極意を聞き出してみるとよいと思います。

私も、自分のアイデンティティの中に、学者という側面以外に著述家という側面があります。そのため書き手として、また大学の教育研究者として、たとえば本のわかりやすさと学術的な厳密さ、本の面白さと研究者として守るべき作法という一見相容れないものに、どう折り合いをつけるか、戸惑うときがあります。「わかりやすい本」を書くのはいいが「軽い本」は書くな、とアドバイスをくれる人もいます。

そんなときに、とても創造的だと世の中で思われている人が、社会的に認められることも大事にしていたり、高尚すぎずに、ちょっと俗っぽい面も持っていることを知ると、私はかえって安心することがあります。

たとえば、私にとって知的ヒーローである河合隼雄先生の書かれたものには、近づきやすい読みやすさと、その奥に潜むメッセージの深遠さとが同居しています。

同様に、ライターとして長く活躍する人は、深さとも折り合いをつけた、読みやすさを誇っているのではないでしょうか。

お金を得ながら、仕事を楽しむこともできる

最後にもう一度、収入源としての仕事という点について一言。

仕事の「やりがい」と「お金」のバランスは、本当に難しい問題です。この2つのどちらを優先するか、どのようなバランスでなら折り合いをつけられるかは、個人個人で違い

ます。

自分の中で、「私はこのバランスで働く」という軸ができていれば問題ないのだと思いますが、それがわからないから、多くの人が悩むのです。

「仕事はお金のため」と割り切って働くのも、それはそれで軸がはっきりしている生き方です。本人が自身の生き方に納得しているなら、何の問題もありません。

ただ、あなたがもし今、仕事で得られるお金と、そのやりがいについて悩んでいるなら、「仕事は、場合によっては面白くなることもある」ということを、申し上げておきましょう。

これは私の行なってきた働く人々（主としてミドル）へのインタビュー調査でも明らかですし、次章以降で登場する人の中にも、そうした体験をされた方がいます。

第2章

働く20代がぶつかる問題

働く意欲を取り戻すための視点

自分の頭で考えて動く

「やる気が持てる仕事が与えられない」というのは、若い人が働く現場では起こりがちです。しかしだからといって、「いつか面白い仕事がくるはずだ」と口を開けて待っているだけでは、時間がいたずらに過ぎ去るのみです。

まさにそんな状況から抜け出し、やる気を取り戻したのが、次に紹介するCさんです。

◆Cさん（31歳、男性、計測機器メーカー、営業部）

Cさんは計測機器メーカーに入社して11年目。扱う製品はいろいろですが、主に測定器をお客様に紹介する営業をしています。お客様のニーズを調べて役立つ機器を提案したり、セールスエンジニアのような仕事もしたり、時々は飛び込み営業もするそうです。現在は中堅社員として毎日仕事に充実感を感じていますが、入社直後からそうだったわけではありませんでした。

Cさんが入社後、半年間の研修を終えた後で配属されたのは、「営業技術」というセールス寄りのエンジニアの部署でした。営業技術では技術の専門知識を活かして営業を行ないます。そこはとても忙しい部署で、先輩たちは皆、自分たちの仕事に忙殺されており、誰一人として新人の教育をする余裕を持っていませんでした。

そのためCさんは配属されて間もなく、製品カタログを読み、測定器をいじっているだけの毎日を過ごすことになってしまいました。朝9時に出社してすぐに「今日は何をして時間をつぶそうか」と考えて、何度も何度も壁の時計を見ては「早く退社時間にならないかな」と思う憂鬱な日々。Cさんは、やる気がどうしても出ないつらい毎日を、なんと2年間も送ることになったのです。

その状況を大きく変えたきっかけは、敏腕上司がやってきたことでした。

自分とたいして年齢も違わないのに、会社の中でも出世頭として活躍する体育会系出身の上司は、新鮮なショックをCさんに与えてくれました。

その上司は、自分から積極的にやったことに対しては、たとえ失敗しても決して怒りませんが、「面倒がってやらなかったこと」によって失敗したときは、人前でも大声で叱る人でした。

そのような厳しい面もありながら、部下を信頼して、「お前が考えたことをどんどんやっていいよ。上から何かいわれたら、俺がいい返しとくから」といってくれる上司に、自分が一人前の仕事人として頼りにされているような気がしました。

そしてCさんは、「上司は、新しいことをどんどんやれといっている。よし、先輩たちが忙しくて仕事を教えてくれないなら、自分から積極的に仕事をつくりだしてみよう」と考えたのです。

営業技術だからといって、積極的に営業に行っていけないわけではない。むしろ自分でどんどんアプローチして仕事をとってくれば、会社のためにもなるはずだ。

Cさんはそう考え、ニーズがありそうな会社に営業のための電話をかけて、自分から新規の営業先にアプローチすることにしました。最初はアポイントメントもうまくとれませんでしたが、電話をかけ続けるうちに慣れてきて、これまでまったく縁がなかった会社にも、営業に行く機会が得られるようになってきました。

Cさんが「この会社のアポがとれたので、行ってきていいですか」と上司に掛け合うと、上司は「お前がそんなタイプとは知らなかった」と驚いたそうです。しかし実際にそれで仕事が決まるようになってからは、少しハードルが高い仕事もどんどん振ってくれるようになっていきました。

Cさんは自ら動いて仕事をとってきたときに、「仕事をやっている感」をはじめて持てたそうです。そして上司も、Cさんの仕事に対する積極的な姿勢をとても褒めてくれました。その言葉が、Cさんにとって「仕事のよいスパイラル」をつくりだすことにつながっていったのです。

やる気にはアップダウンがある

自分の頭で考えて、自ら動く。イニシアティブをとることができるようになる。これは仕事のよいスパイラルをつくるのに加えて、リーダーシップの世界に入門する扉でもあります。いわれたことを、いわれた通りにすべてやり通すという基礎ができた次は、このステージに進むのが望ましいステップです。

Cさんのように、**働く意欲や仕事へのやる気を失ってしまう時期は誰にもある**でしょう。失ってしまったやる気を取り戻すには、いったいどうすればよいのでしょうか。モティベーションの研究から、やる気の回復方法についてはいくつかのことがわかっています。

まず、やる気を取り戻す上で大切なのは、それが時間の変化でアップダウンするとしても、そのサイクルを支える「**土台**」**自体をしっかりしておく必要がある**ということです。土台というのは、健康な肉体や健全な精神のことです。それに加えて、大切な人が入院していたり、大失恋したり、借金問題といったようなプライベートライフに大きな問題が起こっていないこと。そういうことが起こっていても、乗り越えて、心の中で折り合いがついていること。さらにキャリアの節目で困っていたり戸惑っていたりして、立ち止まっている状態ではないことです。

キャリアの節目では、モティベーションに働きかける仕事の土台、**自分の生涯発達段階の課題に折り合いをつけること**が肝心です。

しかし現実には、病気で体の調子がわるかったり、重度の抑うつ状態にあるような人もいます。そのような場合は、やる気のサイクルを回しようがありません。

モティベーションに関する論文の多くは、そもそも問題を抱えていない、土台がきちんとしている人を前提に書かれていることが多いので、この土台が弱ってしまっている人が読んでも役に立たないということが、往々にして起こります。健康という土台が弱ってしまっているならば、モティベーションのことを考える前に、まずは病院を訪ねて、体調を万全にしてからやる気の自己調整に挑むようにするべきです。

本来はテンションが高い人でも、大きな問題が内外にあるときには、やる気を維持したり高めたりするのはとても難しくなります。そうしたときは、やる気を高めることを考える前に、それらの問題の根本的な解決を図ることが先決です。

とはいえ自分の努力とは関係なく、やる気の土台がぐらついてしまう事態もあります。最近の日本では経済のグローバル化や、長年のデフレ不況のために、個人の努力とは無関係に、勤めている会社が急激に業績悪化したり、大規模なリストラが行なわれたりすることが珍しくなくなりました。

勤め先の会社や、それを内包する社会全体が大きな変動期にあるときこそ、やる気の土台を自分で揺るぎないものにつくっていくことが必要不可欠になるでしょう。

やる気のサイクルを恒常的に高い位置に保っておくためには、**常日頃からやる気がダウンしたときのことを想定しておくこと**も大切です。

神戸大学における同僚の高橋潔さんがリーダーシップをとってくれて、数年にわたってサッカーのJリーガーの選手が、プロからの引退後、どのように社会に適応していくかについて、研究を行なってきました。

彼らの多くが、「いつかは引退する日がやってくる」ということがあらかじめわかっていても、実際に戦力外通告を受けた後は、しばらくの間はやる気をすぐに回復することができないといいます。

身体能力にも恵まれて、これまで人一倍努力を続けてきたJリーガーのプロ選手でも、外部環境によってやる気のサイクルは大きく変わるのです。

だから「やる気にアップダウンがあるのは当たり前」と思って、何らかの理由で落ち込んだりしても、それを大変なことだとは考えずに、大きな上下の波があるのが人生だ、と認めるようにすることが大切なのです。

ミスを引きずらない「切り替え力」

ラグビーの元日本代表選手で、日本代表チームの監督も務めた平尾誠二さんは、スポーツ選手にとって最も重要なのは、「切り替える力を持つこと」「引きずらないこと」、そのために「理不尽さにも耐えられるしなやかさを持つこと」だといいます。

ラグビーではどんなに名選手であっても、試合中に一回や二回の気になるミスがつきものです。しかし、「しまった、自分のミスのせいで失点してしまった」といったネガティブな感情をずっと引きずっていると、そのせいでまた新たなミスを誘発してしまいかねません。

だから一回ミスしても、すぐに気持ちを切り替えて、**「しゃあない。ミスは終わったこと。新たにまたがんばろう」**と思える人が、よい結果を残すのです。それを平尾さんは「切り替え力」と呼んでいます。また関西弁ですが、「しゃあないものはしゃあない」という表現が私はもともと好きです。この言葉は、平尾さんの同志社大学以来の恩師で、ラグビー部の名監督だった故・岡仁詩さんのキーワードでもあったそうです。

これはスポーツの世界だけでなく、仕事の世界でも同じです。一回や二回ミスしたからといって、それをいつまでも引きずらないことが大切です。さっと気持ちを新たにして、まっさらな感覚でもう一度取り組んでみるほうがよい結果をもたらします。

もちろん「切り替え力」には個人差があり、私自身はマイナスの気持ちを引きずりがちなので、自戒的にも（自分をこの点で変えるためにも）、希望を持ってこのように書いています。

モティベーションが上がる「持論」を持つ

やる気のアップダウンに振り回されないようにするためには、やる気を「自己調整」する方法を身につける必要があります。

そのために一番役立つのが、**やる気を復活させる自分だけの「持（自）論（実践に使うための自分なりのプラクティカル・セルフセオリー）」を持つこと**です。

過去に何かしら努力した結果、大変な状況を乗り越えることができたというような記憶。あるいは落ち込んだ気分のときには、こう考えるとまたやる気が蘇る、というような考え方。そのようなやる気のサイクルに働きかけることができる、自分なりの方法論。これらがあると、モティベーションが落ち込んだときでも対処ができるようになります。

Cさんの場合、仕事がつらいときに支えとなったのは、子どもの頃からずっと続けてきたサッカーの経験だったそうです。

今でも少年サッカーチームのコーチをしたり、社会人チームに所属しているCさんは、「サッカーでは自分が試合に出られないからといって、辞めようとは思わなかった。サッカーをすること自体が自分にとっては意味がある。仕事もそれと同じではないか」と考えて、やる気の低迷期を乗り越えることができました。

方法論は、自分自身の頭だけで考えなくてもかまいません。研究から出てきた理論も参考になります。

私も、これまで何冊もやる気に関する本を書いていますが、モティベーションについては、様々な学者がいろいろな角度から研究をし、その成果をたくさんの本や論文にまとめています。今ではインターネットなどでもそうした研究成果の多くを読むことができますので、書籍と併せてそれらも読み、自分に合ったものを取り入れてみるのもよいと思います。

大切なのは、それらの理論を学ぶこと自体ではなくて、そこから学んだことを自分の経験と照らし合わせて、自分なりのセオリーを持つようになることです。

モティベーションの理論などをひとつも読んだことがなくても、それまでにがんばってきたことや打ち込んできたことがあれば、その経験がやる気を取り戻す自信の根幹になります。勉強やスポーツ、習い事など、どのような分野でもいいから、自分ががんばった経験について、思い出してみてください。

それまでできなかったことが、できるようになる。そのこと自体が嬉しかったはずです。また、自分がその分野で手本だと思っている人が、自分の努力や成果を褒めてくれることもやる気を生み出します。自分と同じように努力するライバルがいれば、その人のおかげでがんばることができ、競いながらも友だちになった、などという経験もあるかもしれません。

そんなふうに努力したことについて、**そのときにどうしてがんばれたのかを言語化するだけで、自分のやる気を左右する要因が見えてきます**。

やる気を取り戻すための一助として、持（自）論を言語化する基盤、枠組みとして活用してほしいと、次の4つの要因をこれまでも提案してきました。

①緊張系
②希望系
③持論系
④関係系

まず**①緊張系**は、不安や心配、未達成の状態では嫌だ、そこを脱出したいという気持ちが人を動かすという側面で、これを私は、緊張系のモティベーションと呼んでいます。

②希望系とは、希望や夢、目的など、実現すると嬉しい、誇らしいという将来をイメージして、がんばるというタイプのモティベーションです。これは、希望系のモティベーションと呼んでいます。

たとえば、学校に入学したときや社会人になったときなど、未知の世界に飛び込むときは、不安や緊張を感じます。その一方で、未知の世界を体験できるという理由ゆえに、ワクワクする、希望を大切にしたいという自分がいます。

緊張と希望、この両面をうまくコントロールすれば、自分のやる気を自己調整できる人間になっていけます。そのためには、**自分のモティベーションを左右する要因を言語化す**

●やる気の自己調整

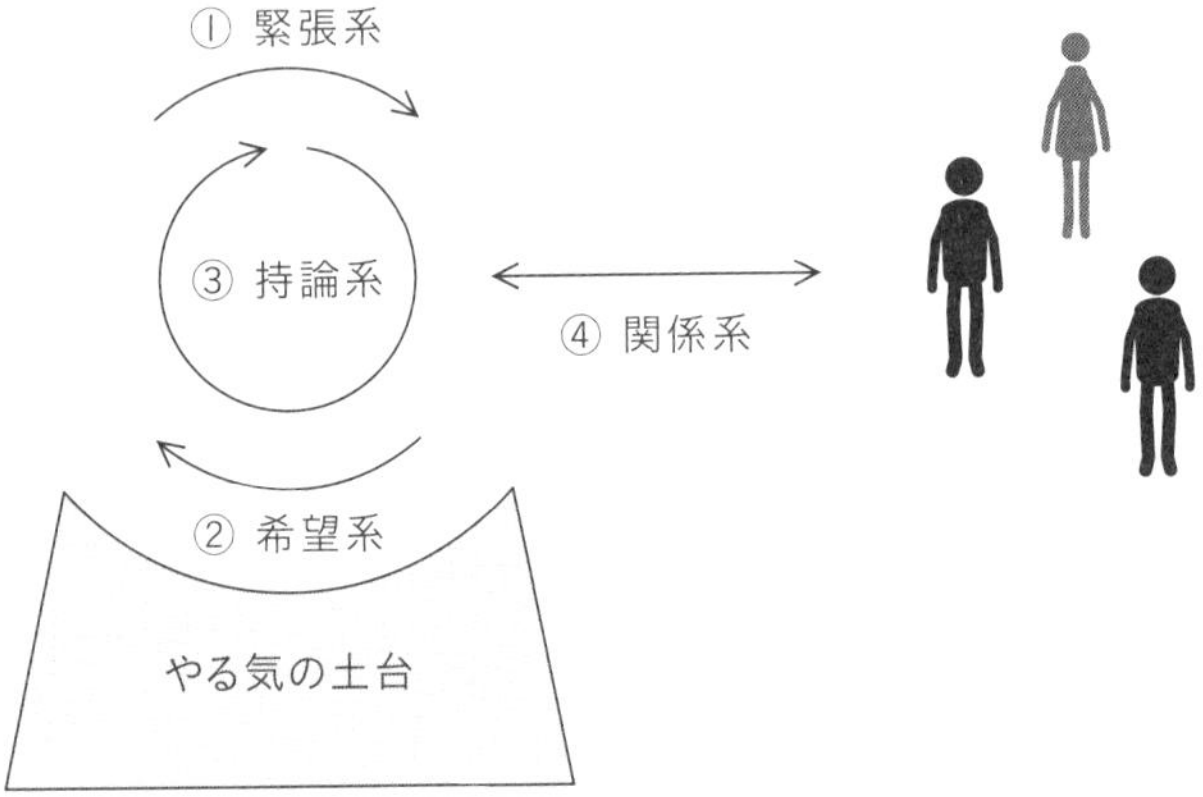

ることが大切になります。私は、うまく言語化されたモティベーションの持論を、セルフ・セオリーと呼んでいます。

これが**③持論系**です。自分なりの理論（セルフ・セオリー）というのは、キャロル・ドゥエックという心理学者の言葉ですが、これを持論と呼んでいます。何が自分のやる気を左右するかについて、持論として言語化していれば、どうすればやる気が出るのか、自らに働きかけることができます。

私はよく、「もしやる気がなくなったら、どういうアクションをとりますか」という問いを、日常の会話やクラスや講演の場で投げかけますが、一番多い回答のひとつは、「まず誰かに会いに行く」というものです。

このような考え方を、人に頼る生き方だと思うのは間違いです。なぜなら、「会いに行く」というアクションを自律的に選んでおり、何よりも「誰に会うか」を選択しているのも他ならぬ自分だからです。

緊張系のモティベーションによってやる気を引き起こす人なら、「お前なんかまだまだなってない」と叱られることによって発憤する面があるし、希望系のモティベーションによる人なら、「今、ちょっと自信をなくしているが、君ならできる」といわれることで動かされる面があります。

このように、周囲との関係がやる気を左右する場合もあり、これが、④**関係系**となります。

たとえば、やる気にあふれたチームにいれば（徐々に適応できればという条件はつきますが）、自分も燃える集団に溶け込み、燃える人間になっていく可能性も高くなるわけです。

緊張系、希望系、持論系、関係系というのが、持（自）論をピント外れにしないための4つの焦点として、これまで書いてきたモティベーション論で、理論を参考にしながら私なりに提示してきた枠組みです。

自分のやる気のアップダウンだけ調整できればいい間は、セルフ・セオリー（つまり、自分のことだけはきちんと説明できる理論）であれば十分です。

しかしやがてリーダー格になり、他人を動かす立場になると、世の中にはいろいろな人がいるので、その多様性をカバーする理論――つまり自分だけでなく、この世界にいるいろいろな人のモティベーションを説明できる理論――が必要になってきます。そのように、自分だけでなく、自分の周りの人々の動機づけられた行動を説明できるほどボキャブラリーの多い持論を、「ワールド・セオリー」と呼びます。

やる気を取り戻させる「ピグマリオン効果」

Cさんがやる気を取り戻すことに直結したのは、上司の言葉でした。「お前がやりたいことをどんどんやれ」という上司の前向きな言葉が、Cさんが本来持っていた「挑戦したい」という精神に火をつけて、行動を促したのです。

このようなとき上司がかけた言葉は、Cさんに「ピグマリオン効果」をもたらしたと私は考えます。

ギリシャ神話に登場するピグマリオンという男性は、自分がつくった彫刻を愛してしまい「本当の人間になってほしい」と神様に願いました。すると、神様がその望みをかなえ、彫刻を人間へと変えてくれたのです。

この逸話から、「君ならできるといつもいわれているうちに、それが現実のものとなる」ことを、ピグマリオン効果と呼ぶようになりました。ミュージカルや映画にもなった『マイ・フェア・レディ』でも女性が淑女になりたくて、そのように振る舞っているうちに、いつの間にかそうなっている姿が描かれていますが、この神話を題材にした映画や小説はたくさんあります。

読者の皆さんも、先輩や上司、学校時代の先生や、クラブやサークルの指導者から「君ならできるよ」といわれ、本当にその通りにできたことはないでしょうか。

ハーバード大学のロバート・ローゼンタール教授は、このピグマリオン効果を検証するために次のような実験を行ないました。

ある学校で、ハーバード大学の名前を使って、「研究のために」といって生徒たちに知能テストを実施しました。そして学級の担任の先生に、「テストの結果、このリストに名前が挙がっている生徒は今後大きく成績を伸ばすでしょう」と伝えたのです。

しかし実際には、そのリストに挙がっていたのは、テストの結果とは一切関係がなく、ランダムに選ばれた生徒の名前でした。ところがその後、学業成績の変化を追跡調査してみると、そこに名前が挙げられていた生徒の成績が見事に向上していたのです。


これは今では倫理的に許されない実験でしょうが、優秀とされる生徒の名前を見た担任の先生が「この生徒とこの生徒は、ちゃんと教えれば優秀になる可能性があるようだ。それならば、しっかりと重点的に教えよう」と考えて、授業中、彼らにあてる回数を増やしたり、丁寧に説明したりし、ピグマリオン効果がもたらされたとも推測されます。先生が接する頻度や褒める回数が増えたら、生徒も自然にがんばります。

できるようになると信じて接しているうちに、実際に子どもたちは勉強ができるようになっていったとも考えられるのです。

「この人は伸びそうだ」と認識することで、先生あるいはリーダーは、生徒やフォロワーのやる気だけでなく、パフォーマンスにも影響を与えていくのです。

「自己成就的予言」のパワーを活かす

その逆に、昔から若い人たちに対して、「最近の若者はなっていない……」と苦言を呈する人もいます。しかし若者を導いて成長させる責任のある年長者が、「若い人間には覇気がなくなった」と思ってしまっていては、その思い込みそのものが若者の覇気を削いでいくことになってしまいます。

先生に限らず上に立つ人は、自分の思い込みが、若い人にプラスにもマイナスにも影響することを自覚する必要があります。

このように、「こうなるのではないか」と思って行動していると、その予言が現実のものとして成就する現象を、社会学者のロバート・K・マートンは「自己成就的予言」と呼びました。

プラスあるいはマイナス方向への思い込みによる先生や上司の言動に接している間に、「自分は先生（上司）のいうようによくできるのだ、あるいは逆にあまりできない人間なのだ」と考えるようになり、そのことが実際の未来に影響を与えるのです。

アメリカの巨大企業ゼネラル・エレクトリックで20年も最高経営責任者を務めたジャック・ウェルチは、リーダーにとって必要な4つのEとして、「自分自身がエネルギー（Energy）に溢れている」「周囲を元気づける（Energize）」「エッジ（Edge）を持っている」「実行力がある（Execute）」を挙げました（ジェフリー・A・クレイムズ『ジャック・ウェルチ リーダーシップ4つの条件』ダイヤモンド社、2005年）。

このうち「Energize」という言葉は、「Energy（エネルギー）」の動詞型で、他の人を活性化させるという意味になります。組織で上に立つ人には、この「Energize」する力が求められるのです。

「部下は指示がなければ動けない」と考える上司が、いつも部下に対して指示を繰り返すうちに、本当に指示待ちだけの部下ばかりになってしまいます。

ピグマリオン効果には確かに古典的研究による裏づけがあることを私は知っていますので、自分の接する学生にもできる限り「よくがんばっているし、きちんと成果につながりつつある。がんばれば必ず伸びる」という態度で接しています。

自己成就的予言という言葉を知っているなら、それをうまくポジティブに活かせる場ではぜひ使ってみてください。できれば、演じるのではなく、本当に相手の可能性を信じ、期待して。

Cさんの上司の「どんどん新しいことをやれ。俺が責任をとる」という言葉は、Cさんが「自分にはできると上司が思っているから、こういってくれるのだ」と受け止める限り、まさにピグマリオン効果を彼にもたらすといえます。

「ピグマリオン効果」という名前を知らなくても、部下を育てることに長けた上司は、必ずといってよいほど部下を褒めて伸ばしているものです。

読者の皆さんもぜひ、自己成就的予言のパワーを活かしてください。

仕事のやる気を失ってしまっているとき、上司や同僚はあなたにどんなふうに接しているでしょうか。もしかすると、彼らとのやりとりの中に、あなたのやる気に再び火をつける言葉が眠っているかもしれません。

落ち込みから回復し、一皮むけるには

悩む毎日から抜け出して、成長する

長く働けば働くほど、やる気のアップダウンを経験するものです。そうして何度か、落ち込みから回復する、つまりやる気を回復することで、「しなやかさ」を手に入れることができます。

◆**Aさん**（**32歳、男性、通信会社、営業部**）

Aさんは大手通信会社に勤務して9年目の男性です。大学時代、高級クラブの黒服のアルバイトを2年間ほど経験しました。ホステスや常連客の好きなお酒やタバコの銘柄をすべて記憶するなど、目配り・気配りが求められる仕事です。10秒同じところに立っていると、お客様に目配りできていないと怒られました。

その店では、お金をたくさん持っている人たちが酒の席でどのように振る舞い、どんな話をするか、つぶさに見ることができました。また女性たちが「どうやってお金を使わせようか」とがんばっている姿を見ているのも、社会勉強になりました。

Aさんは卒業するときに、そういったお金の使い方ができる社会的ステイタスを持つ人たちのようになりたいとは思いませんでした。「お金で人にちやほやしてもらうのではなく、仕事で自分なりのステイタスを築きたい」と思ったそうです。

Aさんは大学在学中、1年間海外に留学していたことがあります。そこで、日本に経済力があるからこそ、海外でも日本人は暮らしやすいのだと実感し、自分も日本経済を強くするような仕事をしたいと考えました。銀行を中心に就職活動し、第一志望から内定をもらったのですが、広く社会を見学できる就活を止めるのはとても惜しいと感じて、その後も40社くらい受けたそうです。

その就活の結果、当時から急成長していた、今勤務する通信会社に入ることを決めました。将来、国際的な事業を手がけたいと考えていたAさんは、そのためにもまずは国内で成長を続ける強い会社で働き、どうすれば事業を伸ばすことができるのか、体感したいと考えたのです。

しかし、入社1、2年目の、地方の支店に配属された営業部時代は、とてもつらいものでした。尊敬できる上司が部署におらず、与えられた仕事に対して自分が120%の努力で返しても「そんなことまでしなくていい」とよくいわれました。

仕事を通じて成長したい、と考えていたAさんにとって、「そこまでやらなくていいよ」といわれるのは悲しいことでした。将来のビジネスに役立つような論理的思考能力や、ITのスキルなどを身につけられるような環境でもなく、「自分は何のためにこの会社に入ったんだろう」と悩む日々を送ります。

そうかといって、どこかに転職できるかといえば、大学を出て間もない自分には何か売りになるようなスキルもありません。逃げ場のない状況だったがゆえに、何とか続けられたといいます。

転機となったのは、入社3年目になる頃に、「この人ならしっかりと見習いたい」と思える上司が職場にやってきたことでした。

もともとAさんは、自分はあまり従順な性格ではないと自己分析していました。「尊敬できない人に対しては、態度に出てしまうこともよくありますし、先輩のいうことを素直に聞くタイプではなかった」といいます。その上司は、そんな短所をわかりつつ、Aさんを可愛がってくれました。またその頃には、もう新人ではなくなったために自分の発言権も増していき、仕事が楽しくなっていきました。

現在のAさんは、エリアマネジャーとして70店舗を担当し、各店の店長と売り上げをどうやってアップさせるか、戦略を練っては実行しています。9人の部下もできて、責任もぐんと大きくなりました。

仕事をしていて何より嬉しいのは、自分が担当している店舗のスタッフの成長が感じられたときです。最初は自分個人の売り上げをアップさせることだけ考えていた人が、お店全体の売り上げを気にするようになったりすると、「組織で働くということの意義を感じてくれたんだな」と嬉しくなります。個人が成長することで、店舗や会社も成長し、その先にお客様の満足がある。仕事を通じて、そう実感するようになったといいます。

だからこそ、Aさんは『部下』という表現は好きじゃない」といいます。「一緒に働く人たち」と表現することにしています。

「一緒に働く人たち」という意識

「部下」という表現は使わないというAさんのこだわりは、とても興味深いことです。英語で部下を表す「Subordinate」という言葉にも、「下」という服従のニュアンスがあり、上司を意味する「Superior」という言葉には、「上に立つ」という優位性の意味合いがあります。日本語の「上司」にも、「上から司る」という語感があり、呼び方自体に上下関係をはっきりさせるという意思を感じます。

私は、学部のゼミ生を、全員「さん」づけで呼ぶようにしています。それは、若いときに読んだ日本的経営について書かれた本がきっかけでした。

その本の中に、「浪人して大学に入ったら、自分がキャプテンをしていたときの高校のクラブの同期が一年上の学年にいて、なおかつゼミ幹事だった。そこでゼミ仲間たちのいる場だけでいいから、自分を『○○さん』と『さん』づけで呼んでくれと頼んだ」という話が載っていたからです。それを読んで以来、呼び捨てにしたり、「くん」づけで呼ぶのは（特に男性の間での使われ方ですが）あまりいい表現ではないと思うようになったのです。

上司、部下に対してAさんが使う「一緒に働く人たち」は、同輩的目線を感じる、とてもいい言葉だと思います。

アメリカ経営学会で留学中にお世話になった先生に会うと、私とは比べものにならない大先生が、私のことを他の人に紹介するとき、「my colleague（一緒に仕事＝研究をしている私の仲間）」といってくれることがあります。そして、そういう先生に限って私たちの成長を気遣ってくれています。こんな実体験があるので、Aさんの話がよけいに心にしみます。

そして現在のAさんは、スタッフの成長が感じられたときが何よりの喜びだといいます。若いときから自分より若い人の世話ができ、その成長を支援できる人の存在は貴重です。

しなやかさを手に入れるチャンス

Aさんもまた、前項のCさんのように、働く中でやる気を失い、頼りになる上司が現れたことで、徐々にやる気を取り戻すことができたようです。

前項でお話ししたように、「やる気にはアップダウンがあって当たり前」なのです。これをきちんと理解していれば、たとえ何かで落ち込むことがあったとしても、そこから回復できる、と信じることができます。

何度かそういう落ち込みからの回復という経験を積めば、困難な状況が再び巡ってきたときでも、「この程度だったら乗り切ることができる」と思えます。そのようにやる気を回復してきた人には、共通して「弾力性」や「しなやかさ」があります。

ポジティブ心理学ではその**しなやかさ、もしくは柔軟な回復力を、「リジリエンス」**という言葉で扱ってきました。私の接してきたＡＰＯ研（人と組織の活性化研究会）では「イキイキチャート」と呼んでいますが、人がそのキャリアの中で、どのようにやる気を失って回復してきたか、時系列で書いてみると、自分がどういうときにやる気を失い、またそこからどうすればやる気を取り戻せるのか、客観的に見ることができます。

そのグラフは新入社員の20代はじめの人ならば、小学生ぐらいのときから現在までの十数年、ベテラン社員ならば30年以上にわたります。そしてほぼすべての人に、やる気のアップダウンが必ずあることがわかります。

アップダウンはこうした長期的な視点だけではありません。二週間程度の短い期間でも、人は必ずモティベーションが高い時期と、そうでもない停滞の時期があります。生きているということはつまり、山あり谷ありということなのです。

ポイントは、**ダウンしても、再び上昇させる力が自分に備わっているかどうか**です。つまり「やる気を自己調整する力」をどれくらい自分のものにしているか、これが人の成長の大きな鍵となります。

生まれてから死ぬまでずっとテンションが高い人などいません。また会社でずっと働き詰めに働いたら、過労死の道まっしぐらとなります。

その逆に、ずっとテンションが低いという人も稀です。生きるということは、すなわちエネルギーの発散ですから、ずっとテンションが低いということは、それも健康面での問題が懸念されることになります。生きている醍醐味にも欠けるでしょう。

イキイキ度、テンションが一定という人には、今まで一度もお目にかかったことはありませんが、仮にずっとアップダウンのないフラットな線を描く人がいたら、その人はそもそも、イキイキチャートをつける気がないのかもしれません。

生きているということはすなわち、アップダウンがあるということに他ならないのです。

イキイキチャートを書くことは、自分のキャリアの棚卸にもなります。

ある化学メーカーに勤務する人のイキイキチャートは、入社後に大きなアップダウンを

●イキイキチャートの例

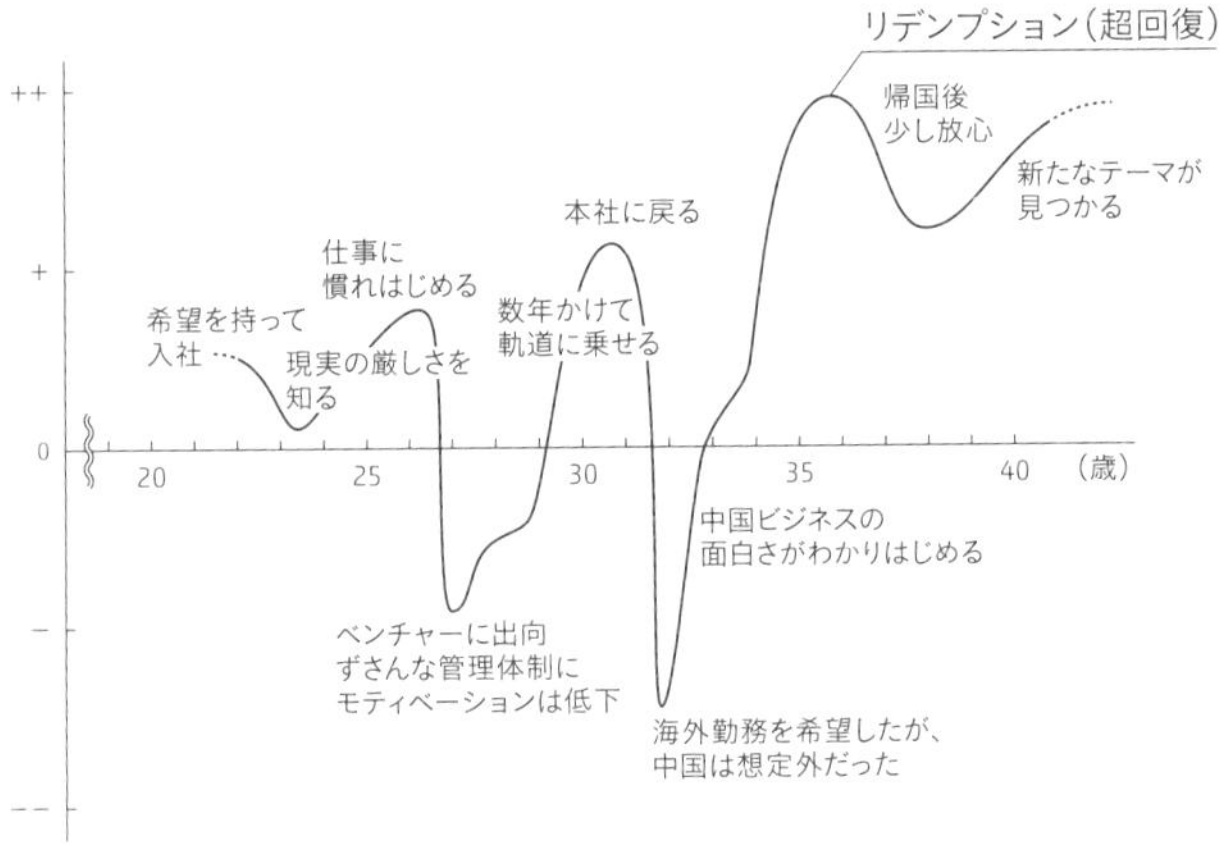

繰り返しました。仕事にある程度なじんだところで、自社が関与するベンチャー企業に出向します。起業プランがずさんで管理体制にも不備が多く、すぐに資金も底を尽きそうになっているところに就任し、モティベーションががっくり低下します。

しかしそこを何とか耐え忍び、数年かけて先輩たちと協力して軌道に乗せるところまでがんばった結果、再びやる気を取り戻し、以前よりも元気や勢いの水準を高いところに持っていきます。

さらに数年後、ビジネスにおいて激戦が繰り広げられている中国で、合弁会社の立ち上げに参加することになりました。「いつかは海外勤務をしたい」と希望していたのですが、海外といっても欧米での勤務をイメージしていたので、着任後しばらくは落ち込みます。しかし徐々にビジネスがうまく回りはじめると、成長市場である中国での仕事が面白くなってきて、どんどんやる気が高まっていきます。

そして後から振り返ると、「あの中国赴任が自分の自信を高めて、一皮むける契機となった」と思えるようになったというのです。これは単なる落ち込みからの回復ということを超えて、前の水準をはるかに超える「成長」を意味します。

このように大変な目にあったけれど、またしなやかに元気を取り戻し、そのときの**元気の水準が以前のレベルをはるかに上回るような場合を、「リデンプション（超回復）」**と呼びます。

「一皮むけた経験」が成功へと導く

「超回復」という訳語は、立命館大学のサトウタツヤ（佐藤達哉）さんから教わったもので、リデンプションを辞書で引くと、「贖い、贖罪」という宗教的な意味の訳語が出てきます。試練を経たことによって、以前の自分よりもはるかに強くなることができたという意味で、この超回復はある種、宗教的な悟りの体験に近いところがあると考えられるかもしれません。

生涯発達心理学の研究をしているノースウェスタン大学のダン・マッカダムズは、このリデンプション（超回復）が、アブラハム・リンカーンのようなアメリカの偉人をはじめ、また身の回りでも長年にわたってすばらしい努力を続けている人の特徴であると主張しました。

ダン・マッカダムズが最初に超回復的自己（redemptive self）というアイデアを発表したのは、コペンハーゲンで行なわれた学会だったそうです。そのときに発表を聞いた参加者の女性から、「それっていかにもアメリカ人って感じね」といわれて、マッカダムズはカチンときました。

普遍的な発見をしたつもりで発表しているときに、「それはアメリカ人だからだ」といわれたら、頭にくるし、がっかりもするでしょう。マッカダムズも最初はムカっとしましたが、よく考えてみれば、米国人が好む『ランボー』や『ダイ・ハード』のような映画は、リデンプションの塊のようなストーリーです。

さらに彼は、建国時のピルグリム・ファーザーズの苦労や、リンカーンの伝記などを読み返すうちに、「ここにアメリカ人の魂がある」と思うようになり、聞いたときは腹が立ったコペンハーゲンの女性のコメントに、感謝するようになりました。

マッカダムズを有名にした初期の著作は、「我々がそれによって生きるストーリー」という意味の『*The Stories We Live By*』（The Guilford Press、１９９７年）でした。後にはリデンプションを扱った著作として、「超回復的自己：アメリカ人がそれによって生きるストーリー」という意味の『*The Redemptive Self: Stories Americans Live By*』（Oxford University Press、２００５年）が発表されました。

私も何人もの優れた日本のビジネスパーソンにインタビューをしてきて、**自分の力で継続的な成功を収めている人にはほとんど例外なく、このリデンプションの経験がある**ことを知りました。困難に直面しているときにはつらくてもう逃げ出したいと何度も思ったけれど、そこをくぐり抜けたおかげで自分の土台を強くすることができた、という声を何度も聞いたのです。

私はそれを以前から「一皮むけた経験」と呼んでいましたが、それがリデンプションとかかわっていることがとても大切だと今では思っています。

人の成長や発達は、成人になり仕事の世界に入ってからも存在します。それは、ずっと一様に伸びていくのではなく、ある決定的な出来事をくぐるたびに、大きく伸びる時期があるのです。この出来事には以下の3タイプがあります。

- **仕事上の経験**
- **上司や周りにいる他の人からの影響**
- **研修や読書、映画など広い意味での学習機会**

このうち、その経験をくぐる前と後とで、自分の発想、仕事の見方、進め方、自信などにおいて、大きな変化があったような仕事上の経験を一皮むけた経験（quantum leap experience）というのです。

一皮むけた経験は、キャリアを考える際にとても重要なキーワードです。キャリアの節目をどう受け止め、節目に「一皮むけた経験」をしたかどうかが、その人のキャリア形成に大きな影響を及ぼします。

キャリアの節目の捉え方については、第5章で紹介します。

「よいガマン」と「わるいガマン」

失敗しても、選択肢はある

仕事の壁にぶつかったとき、どれくらいの期間我慢すべきか、悩む人も多いと思います。

Yさんは30歳を過ぎてから、自分の仕事を続けることに疑問を抱いた女性です。

◆Yさん（**38歳、女性、起業家**）

Yさんは、アートとITとマーケティングを絡めた会社を個人で経営する起業家です。

小さい頃からアートや映像に興味があったので、そうした仕事に就きたいと考えていました。大学在学時から家庭用ゲーム会社で宣伝アシスタントを務め、卒業後にそのまま就職しました。

その後、26歳のときに知人の紹介で、ゲームソフトやDVDソフトなどを扱う会社にウェブの編集者として転職。途中、他の会社に吸収合併されたりもしましたが、社会人になってからはずっとゲーム関連の取材、執筆、編集業務などを行なっていました。

さらに広告営業や、会員を獲得するためのマーケティング活動、新規事業開発なども経験しました。

「人手が足りなかったため、全部自分で考えてやらなければならなかったのですが、そのおかげでマーケティングやITの知識を身につけることができました」

とYさんはいいます。

29歳のときに社内のマーケティング部へ異動し、ゲームのマーケティングとプロモーション活動を統括するマネジャーになります。大きな仕事を任せられる責任ある立場でしたが、宣伝にかけるお金もない中で、「どうにかして会員を増やせ」と毎週のミーティングで社長以下に詰め寄られ、とても苦しい思いをします。会社に行くとストレスで咳が止まらない時期が長い間続きました。

しかしYさんは、そのような状況でもがんばることを決意します。

「とにかく社長の求めるような人物になってやろうじゃないか」と考え、映画『プラダを着た悪魔』のように、「できるビジネスウーマン」になろうと、外見から変えたそうです。

「この経験が、自分としては結果的にはよかったと思っています。自分のプライドや知識、アイデアなんてちっぽけで、学ばなければならないことがたくさんあることがわかりました。そういう姿勢でいると、周囲の人もいろいろと教えてくれました」

その結果、Yさんの担当するプロジェクトは大成功を収めます。時流もあって会社の業績はうなぎ上りで上昇し、上場することにも貢献できました。

しかし一方で、Yさんは仕事を続けるうちに、ゲームそのものに疑問を抱くようになっていました。

会社や学校にも行かず、ずっと家にひきこもってゲームにはまっている若者たちが社会問題化し、「自分の仕事がそういう人たちを増やしているのではないか」という気持ちが拭い去れなくなってきたのです。

そこでYさんはもともと関心があったアート・マネジメントを学ぶために、退職して大学院修士課程に入学することを決めます。院修了後にどこかの企業などに再就職することはまったく考えず、卒業後はフリーランスで働く予定でしたが、税金の関係や、やっている仕事の肩書きをつけづらいこともあり、個人事業主として今の会社を立ち上げました。

アート関連のイベントやシンポジウムを企画して開催したり、最近ではＩＴを使った芸術活動に対する資金調達のセミナーなどのパネリストとしても活動するようになりました。

「今の仕事をやってよかったのは、やはり第一に『アートを広める仕事をしたい』という昔からのぼんやりした希望に近づいていることです。どちらかというと『あの仕事がしたい』という夢がかなっているというよりは、頼まれてやっているうちに『私はこういうことが本当はしたかったんだな』というのが明確になってきている感じでしょうか」

Ｙさんは仕事について、「失敗してもなんぼでも選択肢はある。また挑戦すればいい」という気持ちでいることが大切だといいます。

「自分はそのために、本やネットでいろいろな生き方をしている人の文章を読んだり、映画やドキュメンタリーを観たりしました。そうしたことで『生き方ってひとつじゃない』『人間って何をしても生きていける』『面白いなって思う人は、自分でつくりだしている人だ』というような視点を持つことができました。○○という会社に入れなかったとか、××という資格をとれなかったといったことが、『〝自分のやりたいことができない〟理由にはならない』ことを知ったのが大きいと思います」

「向いてない」と決める前の努力量

Yさんは30歳という節目の年齢のときに、「とにかく社長の求めるビジネスウーマンになってやろうじゃないか」と自分で決めて、その通りに行動することで、「一皮むける」経験をしました。そのことで得た経験や自信が、独立した現在の仕事にもきっと役立っているに違いないと思います。

仕事に悩む卒業生から相談を受けたとき、私がいつもいうことがあります。それは**「わるいガマンはするな。でも、自分にとってよいガマンはしよう」**ということです。よいガマン、というのは「その仕事の面白さ・やりがいを知るために、最低限、必要な努力」です。

その努力を投入する前に、「この仕事には自分は合わない」と決めつけてしまうのは、わるい逃げグセをつけてしまう危険性があります。

楽器でもスポーツでも、**その面白さがわかるまでには、必ず時間と努力が必要**になります。ピアノが弾けるようになりたかったら、楽譜が読めて、初心者向けの教則本の曲ぐらいは少なくとも終えなければ、その入口に立ったともいえません。

仕事も同じです。最低限、その仕事がなぜこの世に存在しているのか、どういうお客様がいて、そこで自分が果たしている役割は何なのか。それをちゃんと理解するまでは、辞めるべきではないと私は考えています。

「石の上にも3年」という格言があります。私は仕事について最低限の理解をするのに3年も必要とは思いませんが、たとえ1年に満たない期間でも、「この仕事でやれることはやってみた」と燃焼し尽くさずに辞めてしまうのは、もったいない気がするのです。

たとえ、**仕事で何か失敗をしても、それですぐに「自分には能力がない、向いていない」などと考えなくてもいい**のです。仕事で失敗することなど、誰にでもあることです。

Yさんの言葉、「失敗してもなんぼでも選択肢はある。また挑戦すればいい」、これを胸に刻んでほしいと思います。

それから、失敗からも学ぶこと、失敗から有益な教訓を得ることも大切です。

第3章

仕事の面白さを見つける

仕事の「リアル」を掴めるか

営業だからこそ得られるメリットとは

若い人がマスコミや広告など、いわゆる「クリエイティブな業種」とされる会社に入ってがっかりするパターンのひとつに、「せっかく入社したのに営業職に配属される」ということがあります。

自分はもっとクリエイティブな仕事がしたいと思っていたのに、泥臭い営業部に配属されてしまった。商品を売る仕事よりも、ゼロから何かをつくりだす仕事がしたい。そのように考える若い人は少なくありません。

しかし実際に広告代理店などで活躍する**クリエイターの人々を見ると、若いときに営業部に配属されていたという人もたくさんいます。**

営業というのは会社の仕事の中でも、お客様と最も頻繁に、直接的に接触する仕事です。それゆえに本気で取り組めば、自社の仕事に必要なあらゆるスキルと知識を得ることができます。

もし不本意な部署に配属されてしまったら、その部でイキイキと仕事をしている2、3年上の先輩に話を聞いてみるのもいいでしょう。また営業以外の総務や経理などの部署で働く「ナナメ上の先輩」に、「営業部についてどう思っているか」を聞いてみても、きっと新たな気づきがあるはずです。

東京の和田中学校で、民間出身者として初の校長を経験した藤原和博さんは、自身のリクルート時代の経験も踏まえ、**「成長にはナナメの関係がかなり大事だ」**と主張しておられます。

たとえばある若者が、ロックバンドを組んでプロを目指してみたいと思っていたとします。しかし真面目でロックには無縁のお父さんには、相談しにくかったとしましょう。

ところが彼には、サラリーマンを経て独立して、自営業を営んでいる叔父さんがいたとします。その叔父さんがロックバンドの経験者ではなくても、安定したサラリーマンの道を捨て、リスクをとって独立に踏み切った経験があることから相談しやすい、というようなことがあります。

このように、職場でも真上にいる直属の上司よりも、ナナメ上、近いけれど違う部門の先輩や上司のほうが、かえって話しやすいことがあるというのが藤原さんの観察です。

また、はじめて会社に就職して、希望の部署に配属されなかった場合には、逆説的なメリットがあります。それは最初から大きな期待がないだけに、**仕事に関してリアリズムの視点で見ることができる**ということです。

広告業界の大手の会社に就職したTさんは、まさにそうした経験をしました。

◆Tさん（**32歳、男性、広告会社、営業部**）

Tさんは学生時代に、遊園地の「としまえん」が「プール冷えてます」というコピーで広告を出しているのを見て感銘を受けて、「将来は自分も人に面白がってもらえるような広告をつくる仕事に就きたい」と思うようになりました。

そして広告会社を中心に就職活動を行ない、見事に業界大手の会社に内定をもらいます。入社して希望したのは、企業の抱える課題を分析して、広告の戦略を立てるマーケティング部でした。しかしその希望は通らず、営業部に配属されることになります。

Tさんは「マーケティング部に配属になった同期は、優秀な人ばかりだ。自分が行けなかったのは仕方がない」と思いつつも、クライアントと会社の間での様々な雑用を求められる新人営業マンの仕事に対しては、最初はあまり前向きな気持ちを持つことができませんでした。与えられた業務はきちんとこなすけれど、どこかマーケティング部やクリエイティブ部門の人たちに対して、うらやましいという気持ちを持っていたそうです。

そんなTさんの気持ちに変化が起きたきっかけは、あるひとつの小さな仕事でした。営業部に配属になってから2カ月ほど過ぎたある日、先輩から「ちょっと忙しいから、このチラシの仕事、お前が中心になって最後まで進めてくれ」と頼まれたのです。

それまでの仕事は、「確認のためにクライアントにポスターのゲラを届ける」「撮影のときのスタッフのお弁当を手配する」などといった部分的な仕事ばかりだったため、はじめてひとつの仕事を最初から最後まで担当できることに、Tさんはとてもやりがいを感じました。

そして先輩たちにわからないことを聞きながら、制作部門のデザイナーや印刷会社の人たちとやりとりし、経験も年齢も自分よりずっと上の人たちと仕事を進めていきました。

最後にチラシのデザイン案が3つ出てきたときに、クリエイティブ部門の先輩に「どれがいいでしょうか」と確認を求めたところ、「クライアントのところに一番足を運んでいて、現場をよくわかっている営業のお前が決めていいよ」といわれました。

そのときTさんは「こんなに若くて経験もない自分に任せてくれるのか。営業ってすごい！　マーケティング的なことも、クリエイティブなこともできる、奥深い仕事なんだ」と実感したのです。

マーケティングやクリエイティブの部署は、広告としての最終的なアウトプットをつくるためにあるセクションなので、「世の中を動かしたい」「人に感動を与えたい」というような希望を持って広告会社に入ってくる学生の多くが志望します。

しかしそのどちらの部署も、営業がクライアントから仕事をとってこなければ、何もすることができません。営業が、広告の仕事全体の中心に位置することを、Tさんは小さなチラシの仕事を通じて理解することができたそうです。

「新入社員の多くは『大きな仕事がしたい』といって入社してきますが、実際に現場で働きはじめると、任されるのは小さな仕事。その積み重ねでしかありません。その最初の希望と現実のギャップに戸惑う若い社員は多いと思いますし、かつての自分もそうでした。でも営業を続けているうちに、どんどんその積み重ねが大きくなって、最終的には、自分が昔思い描いていたような大きな仕事につながっていくことが、今ではわかるようになりました」

リアリスティック・ジョブ・プレビュー

Tさんは憧れていた広告会社に就職できたにもかかわらず、希望していた職ではなく、営業職に配属となったことで最初はショックを受けたようです。

しかし仕事の世界はよいことづくめではなく、厳しい現実があります。また入社前に、自分が思い描いていたような理想の職場が、そのままであることもまずありません。

一番いけないのは、人気職種のよい面ばかりを見て、その仕事の全体を理解したような気になってしまうことです。

その誤解のまま、実際の職務に就くと、理想と現実のギャップの大きさに驚き、がっかりしてモティベーションが急激に下がるということがよくあります。むしろ、**あまり大き**

な期待を持ちすぎずに、実際に仕事に取り組んでみたほうが、よりスムーズに現実に適応できるということも珍しくありません。

働く人が、そのような現実を知ったときのショックを和らげるために、近年の会社ではあえてその職場が持つ厳しい側面を入社前に伝えることがあります。そのことを「リアリスティック・ジョブ・プレビュー（ＲＪＰ）」、別名「採用時のリアリズム」と呼びます。

ＲＪＰを事前にきちんと見せて、実態を理解してもらうことで、会社側も等身大の姿を示すことができ、働く社員は過度な期待や間違った幻想を持たずに済みます。

あるアメリカの保険会社では、エージェントを募集するのに使ったパンフレットに、「自由な裁量が大きくあります」「将来は独立も可能です」「旦那さんの給料を上回る報酬が得られるかもしれません」といった、よいことばかりの文面を載せていました。しかし実際に入社してみると、それだけの報酬を得るためにはかなりの新規契約をとらねばならず、エージェントのほとんどは、はるかに低い給与で働くことになりました。その結果、数カ月が経つと、退職する人が大量に出てしまったのです。

そこで新たな採用活動では、パンフレットに一切よい話は載せずに、現在も残って働いているエージェントに「つらいこと」を聞いて、その仕事の本当のところを記載することにしました。

それはたとえば次のような記述です。

「あるエージェントの方は、何時間もかけてある家族向けの、しっかりした保険の提案を準備したのですが、二度目の面談でにべもなく断られました」
「あるエージェントの方の場合、せっかく保険約款の成約をみたのに、加入者が引き続き保険料を支払わなかったために失効してしまいました」
「あるエージェントの方は、嵐の夜にわざわざ個人的な時間を犠牲にして営業のために足を運びましたが、行ってみると見込み客（プロスペクト）は約束を忘れてお宅にいませんでした」（RJPの提唱者ワナウスの30年以上前の文献に引用された保険会社のブックレットから）

新しいパンフレットにはこのような厳しい話をたくさん掲載し、「それでも保険のエージェントはやりがいがある」と訴えました。するとそのパンフレットを見て応募してきたエージェントについては、短い期間で辞める人を大幅に減らすことができたのです。

どんな仕事にも「加入儀礼」がある

実際に仕事をすると、その現実の厳しさに驚いて、いわゆる「リアリティ・ショック」と呼ばれる衝撃を受けることがあります。

世間でどんなによい会社、よい組織と呼ばれている集団でも、そこに入れば必ずといってよいほどリアリティ・ショックを受けます。学生のときには自由気ままに生きても誰にも怒られず、毎日のように寝坊していたのが、社会人になると毎朝きちんと起きて、満員電車に乗って通勤しなければならなくなります。

またそれまでは先生や親のいうことも「はいはい」と受け流していれば済んだのが、上司からの叱責や注意は聞き流すわけにはいかず、その通りに従うことが求められます。

これは学生にとって、非常に大きな価値の転換です。中にはその転換になじめずに、会社を短期間で辞めてしまったりする人もいます。

辞めるまでは至らなくても、学生が入社してすぐに味わうショックには非常に大きなものがあります。働く人のイキイキ度を探る研究会（APO研）のメンバーで、大手の住宅産業の会社で働いていた人に、「先生は働く中で、虫けらのような扱いを受けたことはないですよね」といわれたことがあります。私はそれを聞いて驚き、「今、お勤めのような大手企業でもそういう経験をするの？」と聞いたものでした。

もちろんこのような衝撃は、一人前の内部者、仲間として貢献できるようになったときには、乗り越えているのがふつうです。

しかし、**乗り越えるためには、その組織が求める「加入儀礼（イニシエーション）」をくぐっていかなければなりません。**加入儀礼とは、文化人類学の用語で、人間の集団には必ず見られる「子どもから大人へと移行するときの儀礼」のことを指します。

そこを越えれば本格的に、集団のメンバーの一員として見られるというハードルを課すことで、子どもと大人を線引きします。親から一定期間離れて生活させたり、割礼などの苦行を課したり、様々な試練が与えられて、そこをくぐることで成人として認められるわけです。

この「加入儀礼」は現代の、様々な仕事においても形を変えて存在します。

アメリカの産業組織心理学者、D・フェルドマンは、職場の加入儀礼には、「**集団への加入**（グループ・イニシエーション）」と「**仕事上の加入**（タスク・イニシエーション）」の2つがあると述べました。

- **配属先の組織になじみ、メンバーのひとりとして認めてもらうこと**
- **職場が求める課題に、一人前のメンバーとして仕事面できちんと貢献できること**

この両方ができないと、仕事の現場では半人前にしか扱ってもらえない、というのです。どちらが先になるかは職業によって様々ですが、プライベートではどんなにいいやつでも、仕事ができなければ決してその場では認められない、というのは真実です。

仕事において何かしらの悩みを抱えている人は、この「加入儀礼」のどちらかがまだ達成できていない、という状況にあることが原因というケースもあります。

今の自分は、職場のフルメンバーのひとりとして、受け入れられているか？

今の自分は、メンバーに求められる仕事の課題に対して、きちんと応えているか？

そう自分自身に問いかけてみることで、客観的に自分の職場におけるポジションが見えてくるはずです。

入社してすぐに「やりたい仕事をやらせてもらえない」「イメージしていた仕事内容と違った」と**不満をため込む前に、この加入儀礼にあたるものを自分はクリアできているか、考えてみてください。**

仕事の全貌を体験する

Tさんはチラシの仕事を任されましたが、これは彼の働きぶりを見ていた上司が与えた課題と見ることもできます。あるいは、Tさんのふだんのがんばりを知っていた先輩が「やらせてみよう」と思ったのかもしれません。

Tさんはメンバーのひとりとして認められたからこそ、新しい課題を与えられたのです。そしてTさんはその課題をクリアするどころか、仕事へのやりがいを発見する転機とすることもできました。

また、Tさんに与えられた仕事が、広告のチラシを最初から最後まで自分の考えでつくり上げるという「仕事の全貌を体験できるものだった」ことに、とても大きな意味があったと考えられます。

経営学の組織行動論に、R・ハックマンとG・オルダムによる「職務特性モデル」というよく知られた理論と測定尺度があります。これは、仕事の性質そのものが、人をどの程度、動機づけるのに役立つかを診断できる指標です。

その職務特性の測定次元のひとつに、タスク・アイデンティティという次元があります。**その仕事の全貌にかかわっているほど、やっていることの意味を感じやすく、仕事そのものがもたらすモティベーション効果が高い**、ということがわかっています。

仕事に大きい、小さいはあるか

Tさんは、「新入社員の多くは『大きな仕事がしたい』といって入社してきますが、実際に現場で働きはじめると、任されるのは小さな仕事。その積み重ねでしかありません。その最初の希望と現実のギャップに戸惑う若い社員は多いと思います」と話しています。

私はこの言葉を聞いて、映画にもなった人気テレビドラマ、『踊る大捜査線』で深津絵里さんが演じる恩田刑事の口癖、「事件に大きいも小さいもない」というセリフを思い出しました。恩田刑事は窃盗事件を中心に担当しています。あるとき、主人公の織田裕二さんが演じる青島刑事が、「こっちは誘拐なんだよ」と自分が担当する事件の重要度の高さをアピールすることに対して、恩田刑事は「窃盗だって小さくないわよ」というニュアンスで抗議するのです。

確かに、事件や火事、救急車の要請のような場合でしたら、大きい小さいを問わず、ともかく通報が先にきたものへ駆けつけるのが原則となるでしょう。火事は小さいうちに消さなければなりませんし、殺人より窃盗のほうが小さい事件という判断もできません。一件の窃盗の裏に、大規模な犯罪集団がいるかもしれません。

しかしこれは、あくまで緊急時で、大小の判別がつかないときの対応です。大規模な災害や事故が起きて、数百人が一度に外来に押し寄せるようなことがあれば、そのときは緊急度の高い患者さんから対応する必要が出てくるでしょう。

仕事について考えてみても、マネジメントの大原則からは、「仕事の大きい、小さい」

はなくては困ります。大きな目標に向かって、小さな仕事を積み上げていく。優先順位がはっきり決まっているからこそ、ときには比較的重要度が低い仕事をすっぱり切り捨て、戦略的に動くことができるのです。

にもかかわらず、プロフェッショナルの仕事人は、陶芸家にしても建築家にしても作家にしても、小さな陶器、小さな建物、短編小説だからといって、手を抜くということはありません。それどころか、小さな仕事であるからこそ、より細部にこだわり、集中し、その結果、より創造的な作品が生まれることもあります。

上司や会社の経営者の視点からは些末に見えて、どうでもいいと思えるようなことなのに、現場では状況がとてもよく見えていて、そこにマネジメント層が気づいていない極めて重要な商売のヒントが眠っていた、というようなこともあります。

私自身の仕事は、大学での教育と研究というやや特殊なものですが、書く文章がなっていない人、特に書き方に細かいミスがやたらと多い人は、スケールの大きな研究プロジェクトにあまり貢献できないものです。

「神は細部に宿る」という言葉がありますが、仕事においても、**「小さな仕事」にこそ後の「大きな仕事」に結びつくカギがある**ことが少なくないのです。

「不満」をアピールの原動力に変える

ビジネスプラン・コンテストが変えた働き方

それまでの不満をバネに、新しい仕事に果敢に挑戦し、仕事の面白さを見つけた20代の女性もいます。

◆Nさん（**24歳、女性、IT企業、コンシューマー事業部**）

Nさんは大手のIT企業に勤めて3年目です。

就活のとき、Nさんはその会社で働いている人たちの好感度を基準にして会社を選んだといいます。

もともと人が好きで、「この人と働けたら成長できるし、楽しく感じるだろうな」と思える人たちと働きたかったといいます。会社説明会やOB訪問の際、現在の会社の社長の話を聞いて、「この人の下で働けるなら」と思って就職を決意します。またその会社では、「社員の一人ひとりが社長のように仕事をする」という考え方を大切にしており、その価値観にもとても共感することができました。

ところが入社後に配属された部署での仕事は、事前に考えていたような、多くの人とかかわりながら、主体的にできる仕事とは、まったく異なるものでした。

彼女が配属されたのは、インターネットのアクセスを分析する部署でした。検索エンジンを通じて、クライアントのウェブサイトに訪問する人を増やすため、どんなキーワードで検索する人が多いのか、どういう経路を辿ってやってくるのかをパソコンで淡々と分析するのが仕事です。

ひたすらパソコンと向き合い、エクセルで数字を入力する毎日が続きます。一桁間違った数字を入力してしまったら分析結果が大きく変わるので、針の穴に糸を通すような慎重さが求められました。間違いが許されないストレスと、毎日終電になるほどの忙しさにもかかわらず、作業としてはコピー&ペーストを繰り返すだけの単調な仕事でした。

就職する際、会社は「何か新しいことをしたい」「どんどん成長したい」という人材を求めていると聞き、自分もその基準で採用されたと思っていたのに、機械にとって代わられるような仕事をしている現状が嫌になってきます。

上司に「異動したい」と何度もいいますが聞き届けられず、いったいどうすれば今の状況を打開できるのか悩む日々が続きました。

転機が訪れたのは、入社2年目のとき。社内で数度目のビジネスプラン・コンテストが開催され、「この先もオペレーターの仕事をするのは嫌だ」と悶々と思っていた彼女はそれに応募することにしました。コンテストには毎回30～50名の社員が応募しますが、コンテストから実際のビジネスに事業化されたものは、それまでありませんでした。

Nさんは、高校生の頃からネイルアートにはまっていました。ラインストーンを使うなど、サロンでやってもらうような凝ったネイルアートを自分でするのが趣味だったのです。

そして、そのネイルアートの材料を使って、当時流行しはじめていた携帯電話をデコレートするビジネスを思いついたのです。携帯やスマートフォンなどの外面を、ラインストーンなどでデコレーションするための商材を販売する新規事業をはじめれば、時流に乗って女性の間に人気が出るのではないか、そう考えました。

「ビジネスとして事業化したい」という思いよりも、「自分の成長を感じる瞬間がほしい」という思いが先行していました。

しかしNさんはそれまで、ビジネスや事業について考えた経験はまったくありませんでした。「ビジョンって何？」「ビジネスモデルって何？」というところから勉強をはじめます。同期の社員8人もそれぞれひとつずつビジネスプランを考えて応募しようとしていたことから、皆で集まり、役員にレクチャーしてもらうなどの勉強会を開いたりしました。

そして約1カ月半、すべての土日を使って準備し、コンテストに応募したのです。

その結果、自分の提案したプランが通り、会社ではじめてコンテストからの事業化が実現することになりました。Nさんはオペレーターから、たったひとりで新規事業を運営するプロデューサーへと転身します。

Nさんは、これまでにない、まったくの新規事業を立ち上げるのは、自分ひとりの力だけでは絶対に無理だと思いました。そこですぐに部長や本部長、10人ぐらいにどうすればいいかを聞いて回りました。上司たちも惜しみなくサポートしてくれ、彼女の携帯電話をデコレートする商材を販売する事業は無事にスタートしました。

さらにその後も、まだ20代の自分ひとりで営業や商談に行ってもなかなか相手にしてもらえないと思い、役員のひとりに、自分の上司になってくれるようお願いしに行きました。

Nさんはどんどん周りを巻き込み、自分だけではできないことでも、社内の上司・先輩に質問をすることで、毎日発生する問題や課題をクリアしていったのです。

その結果、Nさんのはじめた事業は、小さいながらもきちんと収益を生み出し、会社の中でもユニークなビジネスとして注目を集めるようになりました。

最近のNさんは、学生時代の友人と会ったときに、仕事の近況報告はするけれど、愚痴は一切いわなくなったそうです。

今の仕事は自分で新規に立ち上げたビジネス。それに対して不平・不満をいうことは、自分自身の至らなさや、努力不足を告白していることにしかなりません。

新しく何かを自分ではじめることは、誰のせいにもできないということでもある。Nさんはそのことを学びました。

「ひとりで仕事をしているわけではない」という発想

会社や仕事への愚痴は誰にもたくさんあります。しかし会社にそれをぶつけたところで、ただの愚痴では相手にしてはもらえません。Nさんのように、自力で何かを立ち上げることで、キャリアを大きく変えることもできるというのは、あらゆる職場でのヒントになるのではないでしょうか。

またNさんのように「自ら積極的に行動して上を動かす」というのは、リーダーシップの究極的な形のひとつといえます。特に会社に入って間もないときには、「**我々は自分ひとりで仕事をしているわけではない**（We are not all alone.）」という発想が大切です。

英語ではNさんのような働き方を、「自分の側が、上司をマネージする（Managing your boss）」といいます。これはハーバード大学のジョン・P・コッターが同僚のジョン・J・ガバロと一緒に書いた論文のタイトルです。自分のボスを管理し、動かすことができたとき、その仕事は自分自身がマネジメントしているといってよいでしょう。

上司にいわれることをただ粛々とやる仕事から、上司をマネージできるぐらいに主導権を握ることができれば、仕事のやりがいはまったく変わってきます。もちろん、仕事の優先順位や戦略的側面について上司としっかり共有しておくことが、上司に対するマネジメントの基礎として必要です。

ポテンシャルを超えるオーバーアチーバー

Nさんは新規事業の立ち上げを通じて「一皮むけた経験」をされたようです。彼女の例のように、それまでの自分には想像もできないような力が発揮できて、周りの人も驚くような成果を上げることが、仕事の世界ではたまに起こります。

人がそれまでの限界を超えてがんばれるとき、というのはどういう状態で起こるのでしょうか。

私の留学以来の友人のエレーン・K・ヤクラさんという女性は、「ふつうの人なら、あるいは今までの自分ならそこまでいけば十分だと思えるレベルまでいっても、さらにより高度なものを目指して絶えず挑戦し続ける人」のことを「オーバーアチーバー」と名づけ、いつか、それにあたる人たちの研究をしたいといっています。

リーダーシップ研究でも、上司や部下を含む周りの人々から期待できる以上のものを引き出せる人が、トランスフォーメーショナル（変革型）リーダーと呼ばれています（この分野の有名な研究者に、バーナード・M・バスがいます）。

オーバーアチーブとは、簡単にいえば、「周囲から期待されている以上の成果を上げること」をいいます。人が仕事で飛び抜けた成績を上げたり、たくさんの人に多大なよい影響を与えるようなことを成し遂げる背景には、必ずといっていいほどこのオーバーアチーブが存在します。

他ならぬエレーン自身、日系アメリカ人の三世で、イェール大学を3年で卒業して、UCLAのロースクールを出てすぐ弁護士になり、それで満足するのかと思ったら、さらにより高度のものを目指して、その後ふたたびMITの博士課程にやってきて学業を続けました。私は、彼女自身が「オーバーアチーバー」だと思っています。

大事なことは、オーバーアチーバーとは、生まれつきではない、ということです。

生まれつきの知能水準、あるいは、IQテストで測定されるような知能指数のスコアから期待される水準より、はるかに高いパフォーマンスを学業や仕事、さらには趣味などで実現していく人がオーバーアチーバーです。簡単には現状に満足してしまわない人、といってもよいでしょう。「ここまでで終わり」「これであがり」などと思わないのが特徴です。

彼ら、彼女らは、自分の知能やスポーツなら運動適性など、生まれつき備わっている能力を超えて、ひたむきな努力で成果を上げていきます。すべてが生まれつきで決まるのだとすれば、人生は面白くありません。

もともとよくできる天才肌の人が成功するだけというストーリーは、映画にも小説にもなりません（なったとしても、あまり心に深く響かないかもしれません）。ふつうの人が何かのきっかけで圧倒的な努力をし、大化けするようなストーリーを私は好みます。そして私だけでなく、世の中の多くの人もそうではないでしょうか。

くさらずに、訴えることの大切さ

Nさんの事例でもうひとつわかるのは、「訴えること」の重要性です。

企業の中で、自分の意見が通らないとき、希望がかなわないときには、「**くさらないこ**

と」と同時に、「訴えること」が大切です。ここでも「我々は自分ひとりで仕事をしているわけではない」という発想が大事になります。

まず自分の要望がかなわないからといって、ふてくされた態度で仕事に取り組んだり、周囲の足を引っ張るようなことをしても、何の意味もないどころか、自分の評価を下げるだけです。

だから**どうにかして現状を変えたいならば、上司や周囲に「訴える」こと**が必要となってきます。そしてその訴えが認められない、どうしても状況を変えられないとなった場合には、その場から離れることを検討する必要も出てくるでしょう。

このことについて、開発経済学でも名高いアルバート・O・ハーシュマンという学者は、『離脱・発言・忠誠—企業・組織・国家における衰退への反応—』(ミネルヴァ書房、2005年)という組織論としても興味深い本の中で、顧客がある企業の商品の購入を止めたり、メンバーがある組織から離れていく「離脱」と、自らの不満を直接表明する「発言」、そのままの状態を続ける「忠誠」について紹介しています。

働く場に問題がある場合は、ただ単にその場に忠誠心を持って黙って勤務を続けるだけでなく、労働者が「発言」をして組織の改革をするのが「発言」のメカニズムであり、それでも動かない場合は、自分にとってよりよい職場を求めて「離脱」することが必要です。雇用側も、そのような声を無視して働かせ続けることは、結果的に組織の衰退を招くことになり、優秀な労働者を失うかもしれないとすれば、それが組織を改善するモティベーションへとつながるはずです。

このように「発言」と「離脱」が双方ともに健全に機能しているとき、その組織は良好なパフォーマンスを発揮する、とハーシュマンは説明します。

前述のNさんの場合、「このままでは嫌だ、自分が新規事業をやる！」という声を上げたことに対して、組織がきちんと応えてくれました。もしNさんがそのまま声を上げずに、ずっとオペレーターの仕事を続けていたとしたら、彼女はいつしか辞めることを決意していたかもしれません。

自分のいる組織が、きちんと「発言」と「離脱」の機能を持っているか。もしないとするならば、その組織自体に問題がある可能性もあります。

学生のうちに経験したい「自己決定ポイント」

Nさんは、新規事業のスタートを通じて、「自分ではじめたビジネスだからこそ、誰にも責任を転嫁できないし、自分ががんばるしかない」という気持ちを、自然に持つことができました。そしてその「自己決定」によって、大きく成長することができました。人が大人になっていく上で、この「自己決定ポイント」が、極めて重要な意味を持つと感じています。

大学で学生に接していると、優が7～8割を越えるような**優秀な学生ほど、学業以外に何か打ち込んでいるものがある**ことに気づき、それはすばらしいことだと思うようになりました。優秀な学生は何か他にやりたいことを犠牲にしているのではなく、音楽やスポーツ、英語など、他の領域でも打ち込んでいることが多いのです。

ちなみに、神戸大学経営学部では、優が7～8割を越す学生には「経営学高度教育サポート制度」という名のもとに、希望する教授から直接的に個人教授、あるいは2～3人での特別ゼミを開いてもらえるという制度があります。

高度教育サポートの学生たちを見ていると、学業以外に何か一生懸命打ち込んでいることとがあるからこそ、勉強も自然にがんばることができているように感じられます。

私は高度教育サポート生に限らず、ゼミ生や親しく接する学生に対して、「学生のうちに何でもいいから、人にいわれてではなく、自分でこれをやると決めて、途中で投げ出さずに、かなりの程度熟達するまでとことんがんばっていける人は、惚れ惚れするほどすばらしい」

といつも伝えています。その経験がひとつでもあると、仕事の世界に入ったときにもそれが自分の自信となるからです。


ですから、金井ゼミに入ってほしい学生を選ぶ際にも、これまでの人生で、何をとことんがんばって、何を成し遂げてきたのか、という点に注目します。

ジャンルは何でもいいのです。一見すると地味で、どちらかというとおとなしそうな学生でも、何かに打ち込んでいる人は、芯には強いものを持っています。

短い時間で自分を魅力的に伝えられる人もいれば、長い時間を過ごしているうちにじんわりとよさが伝わってくる人もいますが、打ち込んでいるものを聞くと、そういう印象に左右されずに選ぶことができるのです。ゼミにそういう人がたくさんいると、とても活性化しますし、議論が盛り上がります。

大学の4年間で、あるいはゼミに入ってからのより凝縮した2年間で、ゼロからはじめても相当のレベルに達することができることは、たくさんあります。金井ゼミに入ってくれる学生たちを見ていて、そういう迫力にこちらが元気づけられることもよくあります。たとえば、剣道に4年間没頭して、三段まで昇段する人もいました。ある学生は大学ではじめて社交ダンスを習い、日本一になりました。バンドを組んでボーカルとしてステージに立ち、曲づくりをはじめた学生が、テレビの歌番組の「ミュージックステーション」に出演するまでに熟達したケースもあります。

何かとことんがんばった経験がひとつあれば、仕事の世界に入ってもへこたれません。まずは「自分はこれをがんばる」と決めることが大切なのです。

「自己決定ポイント」と私は呼んでいますが、何をとことんがんばってみるか、ということについて自分で強く決める。そして、実際に努力してみる。その経験が自分だけのゆるぎない自信をつくってくれます。

第4章

「会社」としたたかに付き合う

リーダーシップを求められたら

リーダーの仕事に挑戦する

会社からはときに、希望しない部署への異動を命じられることも、まったく未知の仕事を与えられることもあります。特に若い世代が、新しくリーダーとしての仕事を任されたときには、戸惑うことも多いのではないでしょうか。

◆Bさん（29歳、女性、航空会社、キャビンアテンダント）

航空会社でキャビンアテンダント（以下CA）を務めるBさんは、入社5年目です。

学生の頃、遊園地でお客様を誘導するアルバイトを経験し、接客の面白さに魅了されました。そこで卒業後は、「ずっと接客の現場に立てる仕事」に就きたいと考え、ホテル・ブライダル・百貨店などを受けますが、いずれの業種も数年経つと、マネジャー的な立場となって、現場から遠ざかってしまうことが引っかかりました。

そんな中で受けたのが航空会社のCA職です。CAならば、マネジャー職になっても現場に立つ機会があると聞き、「ここでぜひ働きたい」と決めたそうです。

実際に働きはじめると、外から見た印象とはかなり異なり、華やかな仕事ではないことを痛感します。お酒に酔ったお客様の中には、CAが女性ということで横柄な態度で接してくる人もいます。荷物の上げ下ろしなども大変で、海外のお客様は自分で荷物をしまってくれますが、日本人の中にはやってもらって当然、という人もいます。

入社5年目となった最近、チーフパーサーという客室を担当する責任者の職に就き、他のCAや機長、地上係員をつなぐ仕事を任されるようになりました。

チーフパーサーは機内のCAのリーダーです。お客様への気配りはもちろん、CAたちを統率し、パイロットと協力して航空機を安全に、快適に運行する重要な仕事です。

フライトでは初対面のクルー同士で飛ぶことが珍しくありません。短時間で自分のことをイチから他の人に説明し、相手のこともイチから知って、コミュニケーションをとっていかなければなりません。

サービスやアナウンスの技量がどの程度あるか、どれくらい英語がうまいか、ビジネスクラスを担当できるかどうかなど、短時間で把握して、適切なポジションにそれぞれを配置します。「新人なので、どうぞよろしくお願いします」と先輩に申告すればよかった頃とは、責任も仕事の幅も大違いです。そのプレッシャーから、辞めたいと思うことも多くなりました。

Bさんはもともとリーダー的なタイプではなかったと自分を分析しています。学生時代には先生から頼まれて生徒会の会長を務めた経験もありますが、そのときは「何でも話せる気のよい先輩」として振る舞っていれば大丈夫でした。

しかし、チーフパーサーになった今では、「何でも話せる先輩」ではなく、「威厳あるリーダー」を目指さなくてはいけないと実感しはじめています。

CAはイメージ以上に体力も必要で、いつでもどこでも眠れないと体が持ちません。不規則な生活で自律神経がおかしくなったり、重いものを上げ下ろしすることで腰を壊して辞める人も多い職業です。CAを目指してがんばってきた人ほど、現実の厳しさを知って短期間で辞めやすい傾向にある気がしています。Bさんは、後輩が「もう辞めたい」

などと相談にきたときは、自分の経験談や失敗談を話すようにしています。先輩としての威厳がなくなってしまうかも、とも思いますが、「全然たいしたことないよ、私も以前はね……」という話をすれば、後輩も気持ちが楽になると思うからです。

つい最近、Bさんのところに大学の後輩から連絡がありました。CAになりたいというその後輩は、OGである自分の実家の電話番号を大学で調べて、連絡してきたのです。

Bさんはその情熱に感心しました。

OG訪問を受けたとき、Bさんは後輩に、「楽しいばっかりの仕事じゃないけど、自分を伸ばせる環境が与えられるので、やりがいは大きいよ。挑戦できる人が挑戦しないのは、とてももったいないと思う」と伝えました。体力的につらいことや、華やかな世界ではないことも伝えましたが、目をきらきら輝かせている後輩を前にすると、自然と前向きな言葉が出てきたそうです。

このときの「挑戦できる人が挑戦しないのはもったいない」という言葉は、Bさん自身にもあてはまることでした。リーダーとしての仕事には苦手意識があるけれど、せっかく得た機会を逃すのはもったいない。挑戦してから本当に苦手かどうかを考えてもいいかもしれないと感じました。

Bさんは C A の訓練所にいるとき、インストラクターの先生に「ストレスをストレスと感じず、スパイスと感じなさい」といわれました。ストレスはありすぎると大変だけれど、ちょっとくらいないとつまらない。仕事がない人生というのも、つまらないのではないか、とも最近は考えているそうです。

華やかな仕事の「舞台裏」

航空会社のＣＡという職業は、とてもストレスフルな仕事であると聞きます。

一般的に、サービス業のような顧客接点に立つ仕事は、対人関係に優れ、関係性への欲求が高い人が就きます。目の前にいる人を手伝ったり、人の問題を解決することに喜びを感じる人に適した仕事です。また自分がしたことに対して、顧客から「ありがとう」と即座にフィードバックが得られることはやる気にもつながり、向いている人にはとてもチャレンジしがいのある職場となります。

その一方で、ＣＡのような華やかなイメージの仕事にも、必ずマイナスの面があります。そういうマイナスの情報も115ページで紹介したＲＪＰ（Realistic Job Preview：仕事の内容についての現実的な事前説明）の考えにもとづき、就職の前の段階で、知らせておくべきでしょう。

ＲＪＰとは、ある仕事に就きたいと思う人々に、事前にその仕事のすばらしい面ばかりではなく大変な側面も伝え、仕事の現実的な全体像を知らせる採用方法のことをいいます。このＲＪＰの観点から考えると、ＣＡには接客のフロントラインに立つ以外に、バックステージでも様々な仕事があり、乗客の安全にも常に気を配らなければならない、大変責任の重い仕事です。それでも常に、乗客の前では笑顔で振る舞わなければなりません。

その点、Ｂさんがすばらしいのは、自分をＯＧとして訪ねてきた学生に、「楽しいばかりの仕事ではないけれど」と、リアリズムで前置きをして対応されていることです。

自分が誇りを持っている仕事を目指す若手には、ついついその仕事のよい面ばかりを伝えてしまって、その仕事に伴う大変な部分、苦労する部分があることを強調し忘れるか、（自分が採用担当の場合には）意図的に伝えずに終わることがあるからです。

アーリー・ラッセル・ホックシールドという社会学者は、ＣＡのように、顧客に対して常にポジティブな感情を示すことを要求される仕事について、その問題点を指摘しています。彼女はデルタ航空のＣＡの研修を、参加観察研究という形式で他の受講生と一緒に自ら受けさせてもらったのです。デルタ航空ではＣＡに対し、スタニスラフスキーの演劇論にもとづき、「本当に本心から、乗客の感情を純粋に受け止めて対応しなければならない」と教えていました。

しかし本心で顧客の感情を受け止めて、それに対していつもポジティブな気持ちでいることには、多大なストレスがかかります。たとえばＣＡに理不尽な要求をしてくる乗客に対しても、本当は怒りの感情を抱いているのに、その感情の表出を抑え、そしていつも笑顔で対応することを会社に望まれます。

これは、現代社会が生み出した、新しいタイプの人間性の疎外であると、ホックシールドは考えました。そうして、ＣＡの仕事のように本当は嬉しくないときであっても、**いつもにこにこしていなければならないような仕事を、「感情労働」**と名づけました。かつてのベルトコンベアの流れ作業のような、単純な作業ゆえの労働疎外とは異なるタイプの人間性の疎外と見なしたのです。

Ｂさんは「ストレスをスパイスと感じるように」といわれたそうですが、組織論や心理学の基本文献に、「最適ストレス」という概念があります。よい意味での緊張感をもたらす**最適なレベルのストレスは、人をしゃきっとさせて仕事にもよい結果をもたらす**ことがあります。反対に過緊張、度を超えたストレスは、人の元気を奪います。ストレス耐性には個人差があり、特定の仕事分野で最初に感じたストレスは、熟達とともに緩和されていきます。Bさんも熟達していく中で、どうにか自分のストレスをうまくコントロールできるようになってこられたのではないかと思います。

サーバント・リーダーシップという考え方

Bさんは職務上、リーダーになることを求められ、何とかその期待に応えようと努力しました。人はリーダーとして扱われることで、その役割を自覚するようになり、実際に名実ともにリーダーになっていく場合もよくあります。

性格的にリーダー志向ではなく、目立つのが嫌いで、どちらかというと影でサポートしたりするほうが得意な人もたくさんいると思います。そういう若い人がリーダーシップを発揮して、組織を改革していくにはどうしたらよいでしょうか。

リーダーシップというと、「周囲の皆をぐいぐい力強く引っ張る親分肌の人」というイメージがあります。自ら組織を牽引し、部下への指示命令を徹底して、厳しくいうことを聞かせるというのが、これまでの一般的なリーダー像だったと思います。

しかしそういうリーダーシップには弊害もあります。上がガミガミうるさくいうことで、部下の自主性が阻害されて、結果的にやる気を失わせてしまったり、自分から成長しようという気概をなくさせてしまうのです。その結果、組織の成長が滞ったり、社員の離職を招いたりということが少なくありません。

これとは逆に、リーダーがメンバーに奉仕するという姿勢で臨むのが、「サーバント・リーダーシップ」と呼ばれる考え方です（英語でサーバントには日本語の「召使」という意味より「奉仕者」に近いニュアンスもあります）。

メンバーに厳しいノルマを課して働かせるのではなく、リーダーがまず最初にメンバーに奉仕し、彼らの話をじっくり聞いて、その後に相手を導こうとするリーダーシップのことをそう呼びます。一般的なイメージとして定着しているリーダーシップが「支配型」であるのに対し、**サーバント・リーダーは、部下を「支配」ではなく「支援」**します。

落ち込んでいる人に対して「がんばれよ！」というのではなく、「落ち込んでいてもいいんだよ」といえる。同時に、部下がミッションに適合した行動をとりはじめたら、それを目立たぬように支援できるタイプの人が、サーバント・リーダーに向いています。

●サーバント・リーダーシップのイメージ

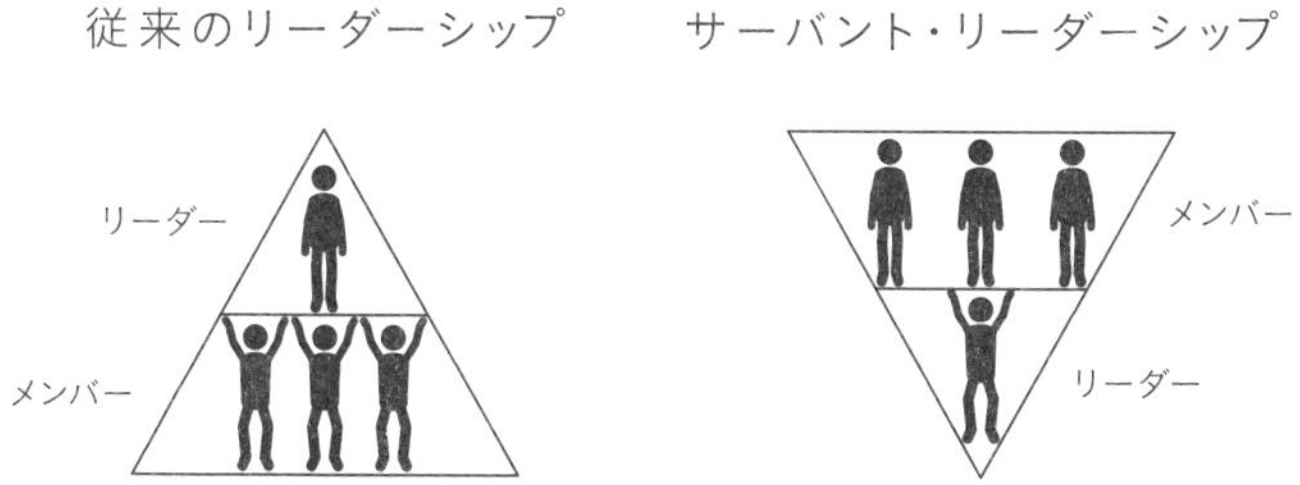

この概念は、アメリカの通信会社、AT&Tに長らく勤務していたロバート・K・グリーンリーフが１９７７年に提唱しました。その後、ハーバード大学のジョセフ・L・バダラッコという先生が『静かなリーダーシップ』(翔泳社、２００２年)という本を執筆し、自制、謙遜、忍耐という特徴を持った静かなリーダーシップを発揮するタイプの人について説明しています。

従来のリーダーシップのイメージとはだいぶ異なりますが、大声を出してぐいぐい引っ張る人より、芯がしっかりしていて、部下からの信望もあついリーダーは現実にいるのです。リーダーシップの重要性が強調されるアメリカやヨーロッパの企業においても、決して猪突猛進型のリーダーだけが求められているわけではないのです。日本の企業では、株式会社資生堂の社長を務められた故・池田守男さんが、この考え方を取り入れて業務改革を行ないました。

サーバント・リーダーシップの考えを提示したロバート・K・グリーンリーフの言葉で最もよく引用されるのは次のくだりです。

It begins with the natural feeling that one wants to serve, to serve first. Then conscious choice brings one to aspire to lead. (Robert K. Greenleaf)

「それ（サーバント＝従者としてのリーダーシップ）は、尽くしたい、まず最初は尽くしたいという自然な感情にはじまる。その後に、自覚的に選択した上で、導いてもいきたいという気持ちになっていくものなのだ」

私ははじめてこのグリーンリーフの言葉に触れたときに、自分がこれまで抱いていたリーダーシップのイメージとはかけ離れていたので、一方で驚き、他方ではこの考え方に非常に心惹かれるものを感じました。自分が力づくで人をぐいぐい引っ張るタイプのリーダーではないと思っていた分、よけいに強くそう感じたのかもしれません。

Bさんも「自分はリーダータイプではない」と思っていたそうですが、自然にサーバント・リーダー型に近いリーダーシップをとっているように感じました。

CAのチームメンバーの仕事は、乗客の快適な旅のために奉仕すること。Bさんは、さらにその一段階上に立ち、リーダーとして彼女たちの仕事の支援をするようになりつつあります。これは、ぐいぐい力づくで部下を強引に引っ張っていくタイプの、旧来のリーダーシップとは、だいぶスタイルが違います。

「私についてこい」と命令するよりも、「あなたの取り組みは、ミッションにかなったよい自発的な動きだから、リーダーの私が支えるよ」と、相手を支援することのほうが性に合っているという人は少なくありません。それに頭ごなしの命令が成果を上げるかというと、そんなやり方がよいともいえないのです。

また、「リーダーシップなんか自分にはない」とはなから思い込んでいる人に対して、このサーバント・リーダーシップの考え方は、「リーダーシップ嫌い」という病《やまい》の解毒剤にもなります。

米国ではベトナム戦争の頃に、多くの若者がリーダーに対して信頼感を失っていきました。若者を戦地に送り込み、多数の生命を失わせることになった政治のリーダーも、軍のリーダーも、軍産複合体をつくっていた産業界のリーダーも、そして学園紛争によって学界のリーダーも、信じるには値しないと見なされたのです。

そのためベトナム戦争当時に青春を過ごした多くの人たちは、リーダーシップに対して拒絶反応を持つようになりました。彼らは「アンチ・リーダーシップ」のメンタリティを持ち、人の上に立つことより、自由や愛を求めることのほうが崇高で人間的だと考えるようになったのです。彼らはそのような考えにもとづき、ウッドストックなどのロックのフリー・コンサートに熱狂し、インドのヨガや哲学に傾倒し、ヒッピームーブメントをつくり上げていきました。

しかしそのままでは、若い人々の中から将来アメリカを導くリーダーとなる人がいなくなる。そう危惧したロバート・K・グリーンリーフが辿り着いた理想のリーダー像こそが、サーバント・リーダーだったのです。

ぐいぐい積極的に前に出るような性格ではない人でも、組織や集団の中で周りのメンバーを引っ張って行かなければならない局面になることはよくあります。そのときにサーバント・リーダーシップの考え方を知っておくことは、きっと役立つに違いありません。

組織と積極的にかかわる

変革の必要を感じたら、20代でも指示を待つな

これからの時代は、20代の皆さんがリーダーとなり、自分が属する会社や組織を変革していくことが、様々な場所で求められることになると思います。若すぎるからリーダーシップがとれないのではなく、**若いからこそ取り組むことのできる変革のリーダーシップというものがあるはず**です。ぜひ読者の皆さんには、それを探すことに乗り出してほしいと思います。私はそう思って、いつも20歳前後の学生に接しています。

ここでは、若い皆さんがリーダーシップをとり、組織を変革していくときに知っておくときっと役立つ考え方を、ご紹介したいと思います。

組織を変えるやり方で、ここ10年ほどの間に注目が集まっている技法に、ハリソン・オーエンという、もともとは宗教家であった組織開発の達人が発案したＯＳＴ（Open

Space Technology）と呼ばれるものがあります。これは、組織の中の一部の人たちだけが集まって、密室の中でビジョンを描くのではなく、その組織を構成する多くの人たちが輪になり一堂に会して、皆で話し合って将来を構想する、という組織運営の方法です。

ギリシャの昔に行なわれていた、直接民主主義のような方法といえますが、実際にそのようなやり方で運営されている社会が、今も世界に存在します。

アフリカのある村では、村人の全員がドラムの音を鳴らしながら四方から集まり、幾重もの輪になって、大勢で物事をオープンに議論して決めるそうです。

ハリソン・オーエンは、アフリカでそのような場にたくさん立ち会ったそうです。彼は、「ＯＳＴを使えば、何百人もの規模で一堂に会して、将来構想の場を創り出せるはずだ」といいます。この方法のよいところは、**意見がオープンであり、誰でも平等に議論に参加できること**です。

これまで多くの日本の会社では、自社の将来を構想するときや、自社が陥った危機的な状況からの打開策を練るとき、社長と役員、営業の責任者たちだけが数人〜十数人ほどで密室に集まるのがふつうでした。限られたメンバーが話し合い、現状での問題をあぶり出し、その解決策を必死で考え出すのが一般的で、そこには皆さんのような若手社員の意向や考えが反映されることは、まずありませんでした。

若手の人々にとっても、「会社の重大な方針は、トップと役員の一部の人が決めるのであって、自分たちはそれに従うしかない」というのが一般的な風潮だったと思います。

しかしそのような方法をとっていることには大きな弊害もありました。

それは方針の決定後に、「そんなことは聞いていなかった」「自分たちの声が反映されていない」「上は現場のことがわかっていない」などと、**計画立案の過程から除かれたと感じる大勢の人たちが、意識せずとも変革に対する「抵抗勢力」になってしまうこと**です。

上層部がよかれと思ってやった改革が、失敗に終わる原因の多くがこれにあります。

これに対して「大規模介入（ラージ・スケール・インターベンション）」もしくは、「ホールシステム・アプローチ」と呼ばれる組織開発手法では、変化を起こすずっと前の段階で、関係する部署すべてから主要なメンバーを集めて、一堂に会し、将来の全体像を構想します（先ほど説明したＯＳＴは、「ホールシステム・アプローチ」の代表的な手法です）。

危機のときや変革期には、ついついメンバーの元気も失せがちです。だからポジティブ心理学の組織への応用や、ホールシステム・アプローチの別の方法では、ＡＩ（Appreciative

Inquiry）という方法をとることもあります。これは自分のよいところや、自分の組織のよいところを見据えながら、将来像を練るという手法です。これらの方法については邦訳書が出ていますし、さらにこれからも出版されるでしょうから、本格的に学びたい人は参考にしてください。

このようなプロセスをとったほうが、よいアイデアも生まれ、前向きに議論が進み、さらに重要なこととして、描いたビジョンに対して「自分たちがかかわった」というコミットメントの意識を持って、そのビジョンの実現により熱心に取り組むことができるのです。その結果、変革プロジェクトの実行段階での意気込みが変わってきます。自分たちの考えが反映された改革案なのですから、これは当然です。

人は他人から与えられた目標に対して本気になることは、なかなか難しいものです。営業部などで、上から与えられた数字目標を、現場のスタッフは「絵に描いた餅」として受けとってしまうことがしばしばあります。目標を達成することができなくなる原因がここにあります。だからこそ**「目標づくり」の段階から、多くの人にかかわってもらうこと**が大切なのです。

ゼネラル・エレクトリックの「中興の祖」と呼ばれた名経営者であるジャック・ウェル

チは、「そもそも人をエナジャイズ（元気づける）するものでなければ、それはビジョンではない」と見なしていました。数字目標を示すだけでは、エナジャイズにはなりません。皆さんのいる組織で、何か変革の必要がある。何か新しい試みを取り入れなければならない。そう感じるならば、上から指示が降りてくるのを待つのではなく、現場の皆さんが集まって話し合い、ビジョンを共有して実行に移すことが、とても大切なのです。

時間的に切迫しているときなど、上層部が数名で変革の全体像を決めざるを得ない場合も、組織の全体を反映するだけの参加者を集めるホールシステム・アプローチの可能性をまず優先すべきです。

大きなレベルの変化をどう促すか

経営学では、1950年代から、組織開発（OD：Organization Development）という分野で、どうすれば組織を変えることができるのか、実践的な研究の蓄積を続けてきました。職場や組織を変える、さらには、世界を変えるというような大きなレベルの変化をどうすれば促すことができるのか、考え続けてきたわけです。組織変革論イコール組織開発論ではありませんが、たとえばジョン・P・コッターの組織変革モデルでは、次のような変革のステップが想定されています。

①組織の中で、今のままでは駄目だという危機感を抱く人が出てくること。危機感を誰も感知することがなかったら、何も起こりません。変革の第一歩は、中核的メンバー（とりわけリーダー）が危機感を他の誰よりもディープに感じることです。

②第二段階では、危機感を抱くようになった人同士が、つながることです。一人ひとりがバラバラのままでは、変革の勢いをつけることができません。危機に気づいているのがリーダーだけでは、独り相撲に終わってしまいます。

③その次には、つながりを持った変革のコアとなる人々が、「この組織をどう変えたいか」というビジョンを練り上げることです。危機感を持って集まっても、「駄目だ、このままでは終わる」と嘆き合っていては、変革ははじまりません。

④ビジョンが明確になったら、そのビジョンを組織内の人々にコミュニケーションによって伝えることが必要になります。仮に1000人の企業でしたら、10人のコアメンバーが危機感を持って集まったとしても、残りの990人の社員は何も知りません。きちんとビジョンの中身を伝えていかない限り、変革は絵に描いた餅に終わってしまいます。

⑤第五段階は、変革の「抵抗勢力」に対処することです。「その方向への変革だと、自分の部署にはプラスにならない」と反対ののろしを上げる人たちがいるかもしれません。また「そんな話は聞いていなかった」とむくれる人たちも出てくるでしょう。その人たちと話し合い、説得し、同意してもらう必要が出てくるのです。

⑥少しずつビジョンに向かって動きはじめたら、その進捗を讃えることも大切です。変革への抵抗にも負けずに、一歩一歩着実に進むのは大変なことです。それだけに節目節目でねぎらいがないと、チームのメンバーは疲弊して変革の歩みが遅くなるか、そこで止まってしまいかねません。

⑦第七段階で大切なのは、ビジョンの実現、完成にはまだ至っていないのに、早まって「勝利宣言」をしないことです。「千里の道も一歩から」といいますが、まだ五百里しかきていないのに、「これでもう大丈夫」とリーダーが宣言してしまうと、改革は見事にそこで止まります。

⑧いよいよ最終段階では、変革の大切さを、組織の理念や文化、人事の制度に実際に埋め込んでいくことです。万物流転の時代には、変化に取り組むこと自体が組織の規範となります。またそれを推進する人事制度を練り上げないと、「この会社の歴史では、あのときの一回だけは変化できたな（今はもう無理だが）」ということになってしまいます。そうならないために、変革型のリーダーは、変革そのものが大事であることを、企業の組織文化に植えつけなければならないのです。

今では、「先に危機感がないと変革ははじまらない」という見方に対して批判もあり、もっとプラス思考でスタートする組織開発の方法も提唱されるようになっています。

また、繰り返し変革を厭わないという意識のＤＮＡを組織に埋め込まなければ、「我が社はあのとき1回だけはうまく変われたなぁ」と昔話に終わってしまいます。変化しない組織は必ず時代の流れとともに腐敗していきます。

経営者には、松下電器産業株式会社（現・パナソニック株式会社）の創業者の松下幸之助さんや本田技研工業株式会社の副社長を務めた藤沢武夫さんのように、「日に新た」「万物流転」という言葉を繰り返す人が多い理由がこれにあるといえます。

この8つのプロセスは、組織改革の研究者の間ではよく知られているモデルで、私も研究論文の中で紹介したことがあります。変革が、危機感というマイナスの契機がないとはじまらないように想定している点に、このモデルに対する批判があります。しかしそのことを踏まえた上で、ここで大切なのは、改革を現実の組織で行なうときには、「どうすれば改革ができるのか」ということよりも、**「何をしたら改革がストップしてしまうのか」という要因を知っておくこと**です。この8つのプロセスは、それをチェックするための指標として、とても優れているように思います。

20代・30代の若い皆さんも、自分たちの世代では組織変革は無理……などとはなからあきらめず、組織と積極的にかかわり、さらには変革を起こす方法も考えてみてください。

「会社の方針」と「自分の価値観」のすり合わせ

仕事と、自分のやりたいこととの対立

仕事に対する不満は、会社の目指す方向と、自分の目指したい方向のギャップに原因がある場合もあります。次に紹介するSさんは、まさにそのギャップに悩んでいました。

◆Sさん（26歳、女性、家具メーカー、デザイン部）

Sさんは、家具メーカーで、オフィス環境をデザインする部署で働いています。自社の家具を販売するのを目的とした上で、クライアントの会社の要望を聞き、内装をデザインします。「当社の家具を使えば、こんな内装にできますよ」と提案するわけです。

もともとSさんが建築デザインの道を志したのは、高校生のとき、テレビでルイス・バラガンというメキシコの著名な建築家の仕事を見て感動したことがきっかけでした。

そこで「人が暮らす空間に、よい影響を与えられるような仕事がしたい」と思い、建築デザインを学べる大学へ進みます。就職活動をはじめる前にゼネコンや設計事務所などのオープンデスクやアルバイトを10社くらい体験し、自分には内装の仕事が合うと感じたので、内装インテリア系の会社を選んだそうです。

しかし最近のSさんには悩みがあります。

ひとつは、会社の価値観（方針）と自分のやりたいこととのギャップが大きくなっていることです。Sさんが勤める会社はデザインにあまりこだわっておらず、家具メーカーの一部署としてデザイン部があります。そこでは内装デザインは、家具を売るツールのひとつとして扱われています。上司もあまり内装デザインについては詳しくなく、Sさんのデザインに対してアドバイスをしてくれる人もいません。そのために「ここでずっと働いていては、インテリアデザイナーとして成長できないな」と強く感じるようになりました。

もうひとつの悩みの種は、クライアントとのやりとりです。

Sさんがセンスのよい提案をしても、「デザインは何でもいいから、とにかく安く仕上げてくれ」「そこまでやらなくていい」といわれてしまうことが多く、納得のいく仕上がりにならないことがよくあります。

このような状況のため、Sさんは今、転職することを検討しています。その準備として、最近ではなるべく早く帰宅し、一級建築士の資格をとる勉強をはじめたのと同時に、転職活動に使う仕事の実績を記載した作品集もつくっています。

「就活のときに、本当は設計事務所で働きたいと思っていたのに、給料の低さと毎日終電になる生活に、ちょっと怖気づきました。また、自分がそこまで働くのが好きなのかどうかも疑問だったんです。でも、今の会社で働いていて不満が募ってくると、『やはり死ぬまでに一回は〝とことん働く〟ということに挑戦してみないと後悔しそうだな』と考えるようになってきました。今の仕事を100％自慢に思えない。そんな心残りを持ったままでいたくないんです」

今はとにかく、自分のデザインをよくもわるくも評価してくれる人がほしいと考えています。尊敬できるような先輩や上司の下で、デザイナーとして怒られながら成長することを求めています。転職活動もそのためです。

そしてまだ漠然とした夢ですが、Sさんは将来、自分の好きなものをつくって、それを自分で販売するような形で仕事ができればと考えるようになりました。世の中のニーズやクライアントの要望に応えるだけでなく、自分の作品を自由につくって売る。そんな夢を持つSさんに、家族は「超売れっ子のアーティストになるしかないと思うけど」と釘を刺すそうですが、いつかその日がくることを願いつつ、毎日働いています。

ギャップをロジカルに説明する

Sさんは、仕事に対する不満について、かなりロジカルに状況を分析しています。

彼女のように、仕事と自分のやりたいことが対立していると感じたときには、その原因をしっかりと考えてみることが大切です。「仕事がつまらない」という人は、自分の中でそのつまらなさの原因がはっきりしているかどうか、まず分析してみるとよいと思います。成果が上がらないからか、単純作業が多いからか、それとも人と触れ合うことがないなどの理由か。その他にも将来性が感じられないとか、人間関係がうまくいかないとか、様々な理由があるでしょう。働くということには様々な側面があるのです。

まずは、**仕事がつまらないという、その理由をはっきりさせること**です。ノートやパソコンに向かって、自分が仕事に対して感じていることを、正直に書き出してみるとよいでしょう。自分の心の中でモヤモヤと渦巻いている不満も、いったん外に吐き出してみると、客観的に見ることができます。

ひとりで悩みを吐き出すことが難しければ、友人や家族など信頼できる人に相談してみるのもよいと思います。**他の人に仕事の不満をロジカルに説明していく中で、なぜ自分がそう思うのか、自分の価値観と仕事の何が対立しているのか、明確になっていく**はずです。

どうしても会社の価値観と自分の価値観のすり合わせができないという人もいると思います。入社した会社の価値観が、自分の信念と対立してしまう場合、そこで働き続けることは多大なストレスをもたらします。

心身の健康を考えれば、転職や起業を考えたほうがよいこともあるでしょう。ある経営コンサルタントの方は、「会社を変えようと思うな。会社は経営者のものだから、経営者の価値観で会社が動くのは当然。自分の価値観で仕事をしたければ、起業するしかない」といっていました。

しかし若いビジネスパーソンの場合、この不況が続く日本で、せっかく入ることができた会社を辞めるのは、大きなリスクを伴います。ですから、大切なのは、できる限り入社の時点で、自分の価値観を掴み、それに合った会社を見極めておくことです。

そのためにはどうすればいいでしょうか。次章で、詳しく紹介します。

第5章

自分のキャリアを考える

キャリアのコアを見つける

自分のことをどれだけ知っているか

前章で紹介したSさんは仕事について悩むうちに、「いつか自分のつくったものを、自分の手で売るような仕事がしてみたい」という心の中にある気持ちに気づきました。その実現のために、転職も視野に入れて、勉強と行動を開始しています。

彼女のように仕事について悩んでいる人におすすめするのが、次の3つの問いを自分に投げかけてみることです。

①自分はいったい何が得意か（自分の能力や才能はどこにあるのか）

②自分はいったい何をやりたいのか（自分の動機や欲求は何で燃えるのか）

③どのようなことをやっている自分なら、意味を感じ、周りの人、さらに社会に役立っていると仕事の価値を実感できるのか

他の人が自分をどう思っているのか、ではなくて、自分が自分をどのように捉えているか。これが仕事をしていく上で、非常に大切です。

この3つの問いに、メモでもけっこうですからまずは答えてみてください。文章にする必要もありません。単語のリストでもけっこうです。きっとそれが自分のキャリアを考える大きなヒントになります。

この3つの問いは、経営学におけるキャリア論の大家、エドガー・シャインが考えたもので、キャリアに関する自分のイメージについて、3つの側面を照射しています。

ひとつ目は、**「自分の能力と才能にかかわる自己イメージ」**です。自分がうまくできると思っていること、他の人にも「これが上手だね」といってもらえること。それが仕事においても「これならば自分は他の人よりもうまくできるから、食べていくことができる」というイメージを形づくります。

2つ目は、**「自分の動機と欲求にかかわる自己イメージ」**です。人から「これをやったらいいんじゃないか」といわれても、それが本当に自分のやりたいことでなければ、本気で取り組むことは難しくなります。また、得意なことを、好きなことだと勘違いしてしまうことも、少なくありません。それは自分にそう思い込ませると、何かと便利だからです。

得意なことと、好きなことは、いったん切り離して考える必要があります。

やりたいことができたら喜びを感じますし、また厳しい局面であっても、好きではじめたことなら、そこを乗り越える意気込みが違ってきます。

3つ目は、**「自分にとってその仕事なら意味と価値を持つというイメージ」**です。その仕事を、長期的に続けたとして、自分にとってどんな意味と価値を持つのか。それが感じられないと、どんなに得意で好きなことであっても、やがて虚しくなっていきます。

たとえば営業が得意で、知らない人にものを売るのがとても好きな人がいたとしましょう。しかし、その人が売っている商品がお年寄りなどを騙すような詐欺的な金融商品だったり、怪しげな効能のサプリメントだったりしたら、それを売っていることに対して、ふつうの人はやましい思いや疑念を抱くようになるはずです。

人は意味を求める存在ですから、自分がやっていることに長期的な意味や社会への貢献がなければ、いつか「これでいいのか」と自問するようになるのです。

自分がうまくできることで、自分がやりたいことであっても、社会の価値観にそぐわないことであれば、その仕事を長く続けることは難しくなります。

たとえば「盗む」ことにスリルを感じて、その行為が好きになり、さらに手先が器用で上手にスリや万引きができる人がいたとします。しかし、いくら盗みが好きで、向いていたとしても、それを仕事にしてしまったら、いつか警察に捕まります。しかもそれは「警察に捕まるから仕事にしないほうがいい」というだけでなく、反社会的な行為ですから、続けていてもいつか虚しくなってくるのではないでしょうか。

キャリアは、何らかの形で社会に役立つものや、意味の感じられるサービスを提供することでつくっていくべきです。自分がうまくできるし好きだと思っている仕事なのに、どこか違和感があるという方は、もう一度、自分に対してこの3つ目の問いをしてみることをすすめます。

このキャリアにまつわる3つの問いは全体として、自分自身のキャリアの拠り所をはっきりさせるのにも役立ちます。キャリアの拠り所をシャインは「キャリア・アンカー」と呼びました。

この3つの質問をした上で、それでももし、会社の価値観と自分が合わないと思ったときには、134ページで紹介したアルバート・O・ハーシュマンの、個人と組織のかかわり合いについての3つの選択肢を思い出してください。

ひとつは、組織を離脱すること（退出＝Exit）という選択肢であり、もうひとつは、組織に「それは間違っている、変えたほうがいい」と勇気を持って発言すること（発言＝Voice）という選択肢であり、3つ目が、無理やり自分の価値観と折り合いをつけて、そんな組織でも忠誠心を持って居続けること（忠誠心＝Loyalty）という選択肢です。

この3つの選択肢のうち、一番無理があるのが、最後の「忠誠心」であることは間違いありません。**私が一番よくないと思うのは、本当は心の中で「会社は間違っている」「この会社は何かおかしい」と思いながら、そこにずっと居続けること**です。会社の価値観と自分の価値観にギャップを覚えるなら、仕事の本質を掴んでいることになります。107ページでは、仕事の本質を掴むまでの我慢は「よいガマン」とお伝えしましたが、本質を掴んだ後も我慢して会社に居続けることは「わるいガマン」ともいえます。

勇気を持って発言すれば、理解ある上司や、盟友となるような仕事仲間が、ともに会社の価値観を変えていくことに協力してくれるかもしれません。

少なくとも、一度はそのような努力をしてみた上で、「離脱」という選択肢をとるべきではないかと思います。

「未来志向」がキャリアをつくる

Sさんは「死ぬまでに自分が納得のいく仕事をしたい」という気持ちから、一級建築士の資格を目指して勉強をはじめています。彼女のように、「将来なりたい自分」を思い描いて、そのために苦労しても、今できる努力をすることが、よいキャリアをつくるためには必須の活動となります。

フィリップ・ジンバルドというスタンフォード大学の世界的に著名な心理学の先生がいます。人間の善悪はシステムが引き起こすことを証明したといわれる「スタンフォード監獄実験」を行なったことでよく知られる人物です。

その実験では、大学生を囚人役と看守役に分けてロールプレイングを行なったのですが、看守役の学生が囚人役の学生たちに対してどんどん冷酷、攻撃的になっていき、歯止めが効かなくなりそうになったために6日間で終了となりました。

ジンバルドは、アメリカの「TED」という、いろいろな分野で活躍する人がその知見について語る講演会で、「タイム・パラドックス　時間と健全に向き合う処方箋」というタイトルのスピーチを行ないました（このことにかかわる本も書いています：『迷いの晴れる時間術』ポプラ社、2009年）。その中で、こんな実験の結果について報告しています。

幼い子どもの目の前の机にあるお皿に、マシュマロをひとつ置きます。

そして「オジサンは今から車に戻って、もうひとつマシュマロを持ってくる。オジサンが戻ってくるまで待っていられたら、そのマシュマロもあげるよ。でもこのお皿のマシュマロを食べちゃったら、もうひとつはあげないよ」というのです。

その実験の映像はウェブ上で見ることができます。子どもたちがとても可愛らしくて、思わず微笑んでしまいます。ある女の子は気をまぎらわせるために歌を歌ったりします。中には我慢できず食べてしまう子どももいます。実に3分の2の子どもが目の前のマシュマロの誘惑に負けて、我慢できずに食べてしまうのです。残りの3分の1の子どもは、誘惑に勝ちます。彼らは**「のちのち」のために、「今」の快楽を退ける**のです。

さて話はそれで終わりません。ジンバルドのスタンフォードの同僚、ウォルター・ミシェルは、14年後にその子どもたちにどんな違いが見られるか、調査したのです。その結果は驚くべきものでした。誘惑に負けた子どもと勝った子どもの間には、いくつもの大きな違いがありました。

誘惑に勝った子どもは、誘惑に負けた子どもよりも、大学の適性検査の試験の成績が平均して250点も高かったのです。また彼らの多くがトラブルに巻き込まれず、心理的にも穏やかで、高い自己肯定感を持っていました。

この実験からわかることは、**人には「現在志向」と「未来志向」の2つの時間的展望があるということです。**

将来やりたいことがあるから、今の欲求や欲望を我慢する。これはもちろん、「わるいガマン」ではなく、将来を見越した上での「よいガマン」です。

いつかそうなりたい自分のために、現在はつらいけれど、必要なことをやっておく。このような未来に向かっての展望を持っている人、「未来志向」の人は、自分のキャリアを長期的なスパンで考えることができます。

それに対して「現在志向」の人は、キャリアについても「今この会社で働いたらどれぐらい報酬をもらえるか」「現時点で転職するとしたら、今より給料のよいところはどこか」と、非常に短期的なスパンで物事を考える傾向にあります。

仕事に対するモティベーションは、時間軸で先のことを展望し、長い人生の視点を加味して考えたほうが、よい結果をもたらすと私は考えます。自分が仕事の中でどうしても譲れないほど大切にしたいもの（いわゆるキャリア・アンカー）も、ある程度の期間、仕事の経験を積まなければ見えてきません。キャリア・アンカーは、将来を見越した「よいガマン」を導く手助けにもなるでしょう。

迷わずに突き進むためには

そうしてキャリアや長い人生を見通して、どこで努力するのが適切か見定めた後は、今度は迷わずに一生懸命にがんばることです。その方向に歩み続ければいいことがあると信じて、最初の一歩を力強く踏み出すことが大切になります。

このことに関連して、カール・E・ワイクという組織論の研究者が注目する、アメリカ・インディアンのナスカピ族が狩に出る前に行なう占いを紹介しましょう。

ナスカピ族は、どこで狩をすべきかを知るために奇妙な手続を用いている。トナカイの肩甲骨をもってきて、それにひびが入るまで火の上であぶり、それからひびの入った方向へ狩にでるのである。驚くべきことに、この手続でうまくいく。ナスカピ族は、ほとんどつねにといっていいほど、獲物にありつく。それは狩猟民族のあいだではまれなことである。

この手続がうまくいくのにはいくつかの理由があるけれども、なかでもつぎの1つは、とくにわれわれにとって興味深い。ナスカピ族は、実際にはほぼ1日中、狩に時間を使っている。いったんひびが現われると、彼らはひびの指し示す方向へ行く。彼らは、キャンプ・ファイアーのまわりに座りこんで、昨日はあそこで獲物をみつけたから、今日はこのあたりだろうというような議論をすることなど決してしない。ナスカピ族がどのような獲物もみつけられないときにも――そういうことはまずないのだが――、集団内のだれ1人として責められることはない。その代わり、彼らは、神が自分たちの信心を試しておられるのだ、というだけなのである。（デビッド・J・ティース『競争への挑戦―革新と再生の戦略』より、カール・E・ワイク「戦略の代替物」、白桃書房、1988年）

ナスカピ族は、とても狩のうまい狩猟民族です。彼らは狩に出かける前に、トナカイの肩甲骨を火であぶります。そしてその骨に、ひびが入った方向に狩に行くと、必ず獲物にありつけると信じているというのです。

そして面白いのは、「ほとんどつねにといっていいほど、獲物にありつく」とワイクは書いていることです。

この占いの内容、つまりトナカイのひびの方向に科学的根拠があるかどうかは、実際にはどうでもいい話なのです。ポイントは、「ひびの入った方向に進めば、いい獲物に出会える」と、ナスカピ族の狩人が心から信じていることです。

彼らは心からそう信じていることによって、実際に獲物を手に入れるまでその方向に自信を持って進み、狩を続けるのです。どの方向に狩に行くか迷っている間に日が暮れてしまっては、獲物を手に入れることはできません。

大切なのは、**その方向に進めば必ずいいものが見つかると信じて、まず動き出すこと**なのです。

キャリアの変化を受け入れる

思いがけない異動も成長ポイントと捉える

自分のキャリアが思い描いた通りに進んでいないように感じると、キャリアについて悩むことも増えるでしょう。そんなとき、思いがけないキャリアの転機や節目を成長ポイントと捉え、前向きに取り組んだ人もいます。

◆Dさん（**32歳、男性、飲食店チェーン、人材開発部**）

Dさんは大手飲食店チェーンで働いています。高校生の頃からファーストフード店などでアルバイトをし、外食関係の仕事に魅力を感じていました。いつしか、将来自分のお店を持つことが目標となり、そのために就活もしない予定でしたが、大学の同級生に、現在Dさんが勤める会社の社長は「すごい人だよ」とすすめられて、説明会に行くことにしました。
そこで話を聞いた社長の人柄と働く社員たちの姿を見て、独立するまではこの会社で学びながら働こうと決めました。

入社後は5年間、系列のいくつかの店の店長を務めました。転機となったのは、店長職から人材開発部に異動を命じられたことです。そもそも独立を希望して入社した会社だったので、学びたかった飲食業の業務とは直接関係がない人材開発の仕事をすることは、自分の将来にはつながらないような気がしました。

しかしDさんは、「これも経験だ。自分がやらなければ誰か別の人がこの仕事をやることになる。もし他の人が同じ仕事をやって自分以上にできたら、それはその人に負けたってことになる」と思い込むようにしたそうです。

「異動を嫌がる人は多いけれど、自分は変化を求めるタイプなので、前向きに受け入れられました。環境が変わることで成長にもつながると考えました」

Dさんは、人材開発部に異動したことで、それまではかかわることがほとんどなかった他店舗のスタッフや、就職活動中の学生とも向き合う機会が増えました。よりたくさんの人とかかわるようになったことで、いろいろな価値観があることを学び、謙虚になれたと感じるそうです。

「謙虚とは、つまり自分以外の価値観を尊重できるようになることだと思うんです。たとえば、社員採用面接で、うちのお店に『一度も来たことがない』と答える学生さんがいます。店長職のとき、アルバイト採用面接でもそんな学生さんがおり、その頃は自分が働くことになるお店を使ったことがないなんて『あり得ない！』と思うだけでした。でも異動後の今は、そんな学生さんって逆に『すごいな』と思うんですよ。全然知らないところに飛び込むなんて、自分にはできないから。自分とは違う価値観を持っている人を、頭から否定するようなことはなくなりました」

Dさんは異動したことで、自分の視野が広がったように感じています。

365日悩む必要はない

サラリーマンは不本意な部署への異動や、行きたくない場所への赴任を命じられることを避けられません。どうせ業務命令に従わなければならないのであれば、Dさんのようにそれをキャリア上の成長ポイントと捉えて、前向きに受け入れるようにする姿勢が大切だと思います。

会社に入ってから2、3年経った頃に、「自分はこのまま、この会社で働き続けていいのだろうか」と思い悩む人は少なくありません。さらにそれから2年、3年が経ち、20代の後半になると、学生時代には同じような生活を送っていた友人が独立して自分で会社をはじめたり、大きな会社に転職したりということも珍しくなくなってきます。

自分と大きな差がついたような気がして、キャリアについて悩むことも多くなります。それでいろいろなセミナーや勉強会に参加したり、転職エージェントに登録したりする人も増えてきます。

しかし私は『働くひとのためのキャリア・デザイン』（PHP研究所、2002年）をはじめとするいくつかの本の中で、「自分のキャリアすべてをあらかじめ思い描き、その通りに進めようと努力する必要はない」と書いてきました。そして「キャリアについては**『節目』だけをデザインし、節目と節目の間は、偶然の出会いや向こうからやってきた縁や流れに身を任せてみること**で、思いもかけないチャンスに巡り会うことができる」と伝えてきました。

成人してから何十年も続く**仕事人生のすべてをデザインしようとするのは不可能**です。かといって自分の意思がなく、偶然に身を任せたままでは、大きな川を流れていく木の葉のように人生の波に翻弄されて、目的や目標を達成することができなくなってしまいます。だからこそ、せめて「節目」と気づいたときには、普段は流されている人でも、キャリアについてきちんと歩むべき方向を自分で選びとる必要があります。人生を大きく変える節目のとき以外は、キャリアについて思い悩む必要はないのです。節目さえ意識的に選べば、今度は流れの勢いに身を任せるということも大事になってきます。

このキャリアにおける節目のことを、英語で「トランジション」（transition）と呼びます。ウィリアム・ブリッジズという人が、人生の転機や節目を乗り切るのに苦労している人の研究をする中で、**「何かが終わり、何かがはじまる」きっかけとなる経験**のことをそう名づけました。

たとえば人の成長であれば、思春期に出会った一冊の本に書いてあった言葉がきっかけとなって、その日から徐々に子どもの時代が終わっていき、大人へと成長する時代がはじまっていく、というようなことがありますが、その場合は本がトランジションの役割を果たしたといえるでしょう。

仕事のキャリアでいえば、現場の最前線で働いていた営業マンが、何人かの部下を持つ立場となってはじめて管理職となる、これも大きなトランジションであるといえます。子どもの頃の愛読書や、長じて会社に入ってからの研修で、大きく人が変わる、成長するということもあります。異動などのトランジションをきっかけに、何歳のとき誰のもとで、どのような経験をするのか、ということが重要になってきます。

教育・研修で人は大きく変わらないというのは確かに注目すべき指摘ですが、ちょうどキャリアの節目をくぐるときにそれに適合した研修であれば、その人の脱皮に近い変化を促すことがあります。

キャリア・トランジション・モデル

キャリアにおいて、大きな影響を与えるトランジション（節目）の時期を迎えるにあたって、どのような姿勢でいればよいか、私は大きく分けて以下の4つのポイントがあると考えています。

①キャリアに方向感覚を持つ
②節目だけはキャリア・デザインする
③具体的なアクションを起こす
④偶然のドリフト（寄り道）**を取り込む**

ひとつは、**「キャリアに方向感覚を持つ」**ということです。幼い頃からの大きな夢、しかし十分に現実的で、いつかは達成が可能であると自分で信じられる夢に向かって進むことは、人生にとって非常に重要な生きがいをもたらしてくれます。大航海に乗り出す船と一緒で、自分という存在が未来のどこに向かっているのか定めておかなければ、人生が座礁してしまいかねません。

2つ目は、先ほどの繰り返しとなりますが、**「節目だけはキャリア・デザインする」**ということです。人生や仕事生活の節目ごとに、これまでの体験を振り返って、「自分は何が得意か」「どんなことがやりたいのか」「他の人にどんな価値を提供できるか」を自問自答することで、次に進むべきステップが明確になります。

3つ目は**「具体的なアクションを起こす」**ということです。節目をデザインしたら、思い描くだけでなく、その方向に具体的に一歩動いていかなければ物事ははじまりません。そして動き出したら、何かしらの成果が出るまでは107ページで紹介した「よいガマン」をして、努力をすることが必要になってきます。

そして最後の4つ目が、**「偶然のドリフト（寄り道）を取り込む」**ということです。自分自身の可能性というものは、他の人のほうがよく見えている、ということが少なくありません。

たとえば、あるミュージシャンが書く歌詞の内容がとても美しく、他の誰も思いつかないようなイメージに満ちていたとしましょう。そして、そのミュージシャンに「小説を書いてみませんか」と提案する編集者がいたとします。ミュージシャン自身はそれまで、自分が小説を書けるとはまったく思っていなかったけれど、実際に書いてみたら、世の中の話題となる作品ができてしまった。ミュージシャンから作家へ。結果として、他の人から投げかけられた提案によって、自分のキャリアに大きな影響を受けたことになります。

ミュージシャンや作家のような仕事ではなく、いわゆる「ふつう」に働く人のキャリアの場合でも同じです。自分が予想もしなかった仕事や業務に就かねばならないことが、長

●キャリア・トランジション・モデル

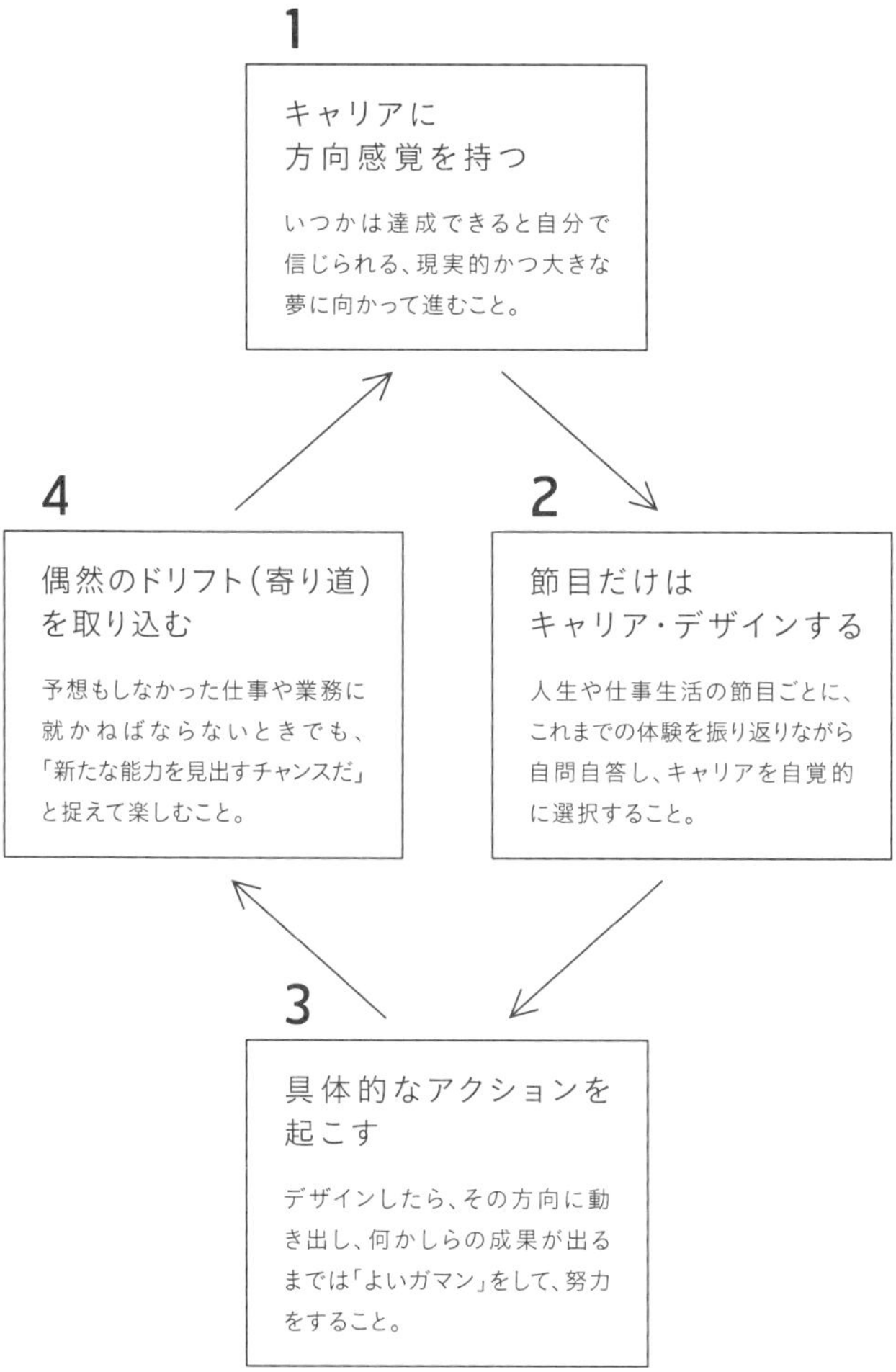
1
キャリアに
方向感覚を持つ
いつかは達成できると自分で信じられる、現実的かつ大きな夢に向かって進むこと。
2
節目だけは
キャリア・デザインする
人生や仕事生活の節目ごとに、これまでの体験を振り返りながら自問自答し、キャリアを自覚的に選択すること。
3
具体的なアクションを
起こす
デザインしたら、その方向に動き出し、何かしらの成果が出るまでは「よいガマン」をして、努力をすること。
4
偶然のドリフト（寄り道）
を取り込む
予想もしなかった仕事や業務に就かねばならないときでも、「新たな能力を見出すチャンスだ」と捉えて楽しむこと。

い仕事人生の間では、一回や二回は誰にでも起こります。

そのときに「自分はこんな仕事はしたくない」と放り投げるのではなく、「これは自分にとっても新たな能力を見出すチャンスだ」と捉えてみる。そうすることで、自分のキャリアをより豊かなものにすることができる場合も少なくありません。ネガティブなイメージを持っていただけで、実際にその仕事に就いたらワクワクするところがあったということになれば、しめたものです。

節目に気づく4つのポイント

しかし「節目だけはデザインしよう」といっても、自分自身が人生の節目にいることがわからなければ、デザインのしようがありません。それではどうすれば「今、自分は人生の節目にいる」と気づくことができるのでしょうか。

よくあるのは、以下の4つがきっかけとなって節目を意識するようです。

①何らかの危機
②メンターの声

③ゆとりや楽しさ

④カレンダー的な日付

最初に思いつくのは、「何らかの危機」に陥ったときです。「自分のキャリアはこのままでいいのか」というような焦燥感でもいいでしょうし、「このままいけば自分の夢はかないそうにない」というような絶望感でもかまいません。そのような**「未来に対する危機意識」が起こったときこそ、自分自身の成長や変化のスタート地点**なのです。

ブードゥー神話では「四つ辻、つまりクロスロードには悪魔がいる」という教えがあるそうですが、キャリアの節目となる交差点にも、平穏な生活に危機をもたらす何かが潜んでいることが多いのです。その危機を、前向きな転換の力に変えることが求められます。

その際に力となってくれるのが、「メンター」の存在です。自分よりも先に危機に対処した経験を持つ先輩、上司、身内（親兄弟）がいれば、自分よりも先に「お前は今、危機の中に踏み込もうとしているぞ」と気づかせてくれることがあります。メンターはまた、迷っている自分に対して、相談に乗ってくれたり、様々な有益なアドバイスを与えてくれます。**キャリアをよいもの、充実したものにしていくためには、メンターがいることがとても大きな力となる**のです。

そして危機や不安のようなネガティブな感情の反対に、喜びや期待感のようなポジティブな感情も、節目に気づく大きなポイントになります。ゆとりや楽しさを感じるようになったとき、ともいえます。

たまたま与えられた仕事をやってみたところ、とても楽しんで取り組むことができた。そんなに自分では力を入れてやらなかったのに、お客様に大変喜んでもらえた。このような経験を通じて、自分の得意なこと、やれば大きく伸びることに気づく場合があります。**自分にポジティブな感覚をもたらす経験には、大きな可能性が眠っている**のです。

そして最後に、自分の年齢や年度などのカレンダー的な日付が節目となることもよくあります。たとえば誕生日を迎えて成人（20歳）になった、還暦（60歳）になった、などだけでなく、キャリアを歩む人ごとにユニークな節目の年齢の決断もあるでしょう。

「30歳までには独立すると決める」「40歳までには家を建てる」というような具体的なタ

イムリミットを定めた目標は現実に強い影響を与えることが、様々な人の経験を通じて語られています。このときの30歳、40歳という年齢自体に意味があるのではありません。**自分自身で「このときまでに」という具体的な節目の目標を決めること**、そのものが重要な意味を持つのです。

自分で決められるから、キャリア「デザイン」といえるのです。しかもその節目は、長い人生と重なるキャリアの中でも数回のことでしょう。

次のアクションにつなげるために振り返る

このような4つのポイントが、節目だと気づかせてくれる契機となる可能性は高いですが、本当にそれが自分の仕事人生の岐路になるかどうかは、本人の受け止め方次第です。「入社3年目だから」「異動になったから」「昇進したから」というだけで節目になるとは限りません。外部からの信号だけでなく、それが自分の心をポジティブあるいはネガティブな方向へ動かすかどうかが重要なのです。

節目ではないのに悩んで立ちすくんでしまったり、慌てて騒いだりするのはもったいないことです。しかしそれよりも、節目なのに気づかず、流されるままでいるほうがリスクが大きいといえるでしょう。

「もしかしたら節目かもしれない」と感じたときには、まず立ち止まり、キャリアについて一度見直してみてください。それは過去を懐かしむためではなく、**将来を展望し、将来のキャリアの歩みをより確固たるものにするための振り返り**です。

振り返ること、内省することは、後ろ向きの行為に思えることがあります。確かに、くよくよ過去を思い悩むことにはあまり意味がありません。大切なのは、次のアクションに勢いをつけるための内省です。

ボブ・ディランは絶えず前を向いて進んできたミュージシャンで、キャリアのある時期に『*DONT LOOK BACK*（邦題：ドント・ルック・バック）』というすばらしい映像をリリースしました。私が非常に興味深く思ったのは、「振り返るな」というタイトルのビデオ（今ならDVD）で、ディランは自分の来し方を「振り返っている」のです。そして、その後の彼は、音楽的にも新境地に入ったように思われます。

振り返るためだけに振り返るのではなく、次のアクションに勢いをつけるために振り返る。そんなアクションにつながる内省を大切にしたいものです。

「市場価値」に踊らされるな

自分の「価値」について考える

これから紹介するEさんは、長い目で働き方を捉えています。183ページでお話ししたキャリアの節目以外は流されてみる、そして流れの勢いに乗る、という考え方にも通じるものがあります。

さらにEさんは、友人からの一言によって、「自分の市場価値」について考えるようになったそうです。

◆**Eさん**（**28歳、男性、洋菓子メーカー、営業部**）

Eさんは、洋菓子メーカーの東京支社で働いています。大学在学中にイギリスに留学し、たまたま現地で入った紅茶専門店に感動したことが、今の会社に入社するきっかけでした。商品はもちろん、ディスプレイや店員さんの教育まで行き届いており、店全体に貫禄があって、「自分もこういうところで働きたい」と思ったそうです。

就職活動をはじめて、そのとき感動したイギリスの紅茶を、今の会社が扱っていることを知り、入社を決めたといいます。

今の仕事は、都内のホテルや空港、百貨店などを回る営業です。結婚式の引き出物として自社商品を使ってもらったり、空港などに置いてもらえるように提案します。

同じ部署の営業メンバーとは報告し合い、数字などの面ではチームとして取り組みますが、基本的にはひとりで業務を進めています。

毎日違う営業先に出かけ、新しい人と出会って話ができるのはとても楽しいそうです。

「自分が本当にいいと思っている商品をお客様にすすめる仕事なので、ワクワクします。そういう意味では、自分はどこでも営業ができるわけではなく、自分が納得できる商品の営業しかできない気がしますね」

といいます。

今では充実しているEさんですが、働きはじめた当初は、落ち込む日々が続きました。

Eさんの会社では、入社して数年は自社商品を売る店舗に配属されることになっています。彼の配属先は、社内の百貨店売り上げ1位の店舗でした。ひっきりなしにお客様が訪れ、常に店内中に目配りしておくことが求められました。

そこで働くEさん以外のスタッフは、社内でも精鋭といわれる年配のパートの女性たちばかりでした。

彼女たちの新人教育はとても厳しく、新入社員の自分に対しても、まったく容赦がありません。行動の一つひとつに対して厳しく指摘されました。何をしても注意されるので、ビクビクして動けなくなってしまい、さらに「忙しいんだから、しっかりして」と怒られます。「はい」と「すいません」しか発した記憶のない時期がしばらく続いたそうです。

Eさんがそれでもめげなかったのは、同じ関西の大学から一緒に上京した友人がいった、何気ない言葉が影響しています。友人は働きはじめてから、「自分の市場価値を上げていかなきゃ」とたまにいうようになりました。

Eさんはその「自分の市場価値」という言葉を聞いて、「今、転職活動をしたとしても、他の会社に雇ってもらえるような価値は自分にはないな」と思いました。やる気と熱意はあったとしても、実力がまだ足りない自分は、ここでがんばるしかない。地元を出て就職した以上、簡単に後戻りはできないという気持ちもあり、もう少しここで踏ん張ろうと思ったそうです。

最近のEさんは、「営業や販売は、お客様の問題解決を手伝う仕事」だと考えています。「お世話になった人にお礼の気持ちを表したいのだけど、どんな商品をプレゼントすればいいか迷っていて……」というような悩みを抱いているお客様に、「こんな商品はいかがでしょうか」と提案して、その悩みを解決してあげる仕事を自分はやっている。そう考えると、自分の仕事にやりがいと意義を感じます。

「自分の市場価値」という言葉は、今でも時折脳裏に蘇ることがあります。

今の会社で働き続けて、5年後の自分が明確にイメージできるわけではないと、Eさんはいいます。40歳を越えて、いきなり地方に転勤を命じられる人もいます。そんな立場に自分が立つようになったとき、それでも会社に残る選択をするかどうかわかりません。

しかし、まだ何もわからないからこそ、この流れの勢いに乗って、自分がどんなふうに成長できるか見てみたいと考えています。

「市場価値」よりも「仕事の価値」を高める

Eさんは友人から「自分の市場価値」という言葉を聞いて、「今の自分には他の会社から雇われるような価値がない」と考えたそうです。

私自身は、市場価値だけを気にするような生き方、働き方に疑問がないわけではありません。入社というキャリアの節目で「自分の市場価値」を意識することが、次のアクションに勢いを与えるなら、それはそれでよいのかもしれませんが、若いときからあまりそれだけを考えすぎるのは、よくないのではないかと思います。

市場価値という判断基準がネガティブに自分を曲げるか、ポジティブに自分を勢いづけるか、この言葉からのキャリア発想は、良薬にも毒薬にもなる気がします。しばしばありがちですが、市場価値を高めるという発想から、自分（のスキル）を高く売ることとしか考えない生き方を導いてしまったら、残念に思います。

最近、ビジネスの世界では、「自分の市場価値を客観的に考えよう」という意見をよく目にします。人材バンクのようなところに登録し、キャリアカウンセラーと半年に一度くらい面談して、常に自分の「市場価値」を把握しておく。そしていつ転職しても大丈夫なように、準備を整えておく。こういう働き方に対する姿勢は、外資系企業などで働く人にとっては、一般的なものとなりつつあるようです。

しかしキャリアに関する研究を何年も続けてきた私の感覚では、「市場価値」という言葉を聞くたびに、関西弁でいうところの「お前はそれでなんぼのもんやねん」という言葉が浮かんでくるのです。「なんぼのもんやねん」というのは、関西弁で「正味のところ」という言葉の後に続いてよく発せられる言葉です。しかし関西人のいいところは、この問いに対して、「そやね、七百万円やで」というような珍奇な答えを返す人が、ひとりもいないことです。ここでいう「正味」とは、「市場価値」や「肩書き」といった数値で単純に測れるモノサシではありません。

要するに「なんぼ」という表現の奥に潜むのは、「**あなたは価値や意味のある生き方をしていますか**」という問いかけです。

市場価値というのは、つまり「他の会社からいくらの給料で声がかかるか」ということです。「会社に雇われる能力（就業可能性）」を意味する「エンプロイアビリティ」や、「労働市場での自分の価値」を意味する「市場価値」といった考えは、本人が自分を鼓舞したり、次の行動に活かすための指標とするならば、有効なときもあると思います。

しかし今の日本では、「自分の市場価値を向上させ続けないと、仕事がなくなる」「エンプロイアビリティがない人間は安く買い叩かれる」といったように、**「市場価値」に代表される言葉が一種の「脅し」として使われているような気がしてなりません。**「どんな会社でも通用する人材にならなければ、社会人として価値がない」と突きつけられているような印象があります。

このような「どこにでも通用する価値」というのは、逆の見方をすれば「どこの会社でも別の人と取り替えられる価値」ということができます。

「この会社で働いている自分だからこそ、取り替えのきかない価値を生み出すことができる」というのが、「本当の自分の価値」になるのではないか、と思います。皆さんも、「市場価値」といった言葉に踊らされずに、真に自分の仕事の価値を高めていくことを考えてみるようにしてください。

キャリアの迷宮に入り込んだとき

悩み解決のヒントとなったアドバイス

キャリアに迷ったときに、ひとりで悩んでいるだけでは、答えは出てきません。次に紹介するのは、自分の父親との対話から、キャリアの悩みを解決するための大きなヒントをもらった経験があるRさんです。

◆Rさん（**30歳、男性、コールセンター運営会社、オペレーション部門**）

Rさんは、コールセンター業務の会社で働きはじめて9年目です。大学時代から今の会社でアルバイトをしていましたが、一度辞めて、新卒採用試験を受けて入社しました。もともとは「飲食店などの仕事とは違い、座って働けて、しかも時給が高い」ということで選んだアルバイトでしたが、就職活動で人材派遣業界や金融業界など、他の業種も受ける中で、「何かひとつのものづくりをするより、いろいろな業界とつながる仕事のほうが面白い」と思うようになりました。そして「コールセンターを必要としない仕事はない」と感じ、入社を決めたといいます。

現在のRさんは、コールセンターを利用するクライアント企業との交渉や、数字の管理、電話を受ける現場リーダーの育成などを手がけています。

クライアントは官公庁が多いため、受注するには入札に参加してライバル企業と競わなければなりません。提案書に点数がつけられ、金額と照らし合わせて入札が決まりますから、提案書の作成のために会社に1カ月くらい缶詰状態になることもあります。その間はかなり厳しいですが、仕事がとれたときの喜びは大きく、やりがいを感じています。

しかし会社に入ってから、順風満帆に過ごしてきたわけではありません。

入社3、4年目の頃。大阪でひとつのセンター長を任されたことがありました。ところが自分が責任者になったとたん、今まで起こらなかったオペレーションミスやトラブルが続き、うまくいかない流れに陥ってしまいました。

クライアントに謝りに行く日々で、わるい流れを変えられない自分に落ち込んだといいます。

悩むRさんに、そこから抜け出すヒントを与えてくれたのが、父親でした。

「あまり背伸びするな。自分で『ここまではできるはずだ』と思って背伸びしているからダメージが大きくなってしまう。まずは『ここまでしかできない自分』を受け入れろ」

といわれたのです。

またもうひとつヒントになったのが、お金をもらうことの責任感について説かれたことでした。

「仕事というものは、面白くないからお金をもらえるんだ。楽しい思いをしたいならお金を払え」

というのが父親の意見でした。

この言葉は、Rさんにとってとても大きな気づきとなりました。人のミスのために謝罪しに行き、怒られるのはつらいが、自分はそれだけの給料をもらっている。給料の対価として、義務・役割・責任が課せられるものだと思い知ったのです。

「まぁそういう立場だから仕方ないか。自分が責任をとらなかったら、他にとる人はいないからな」と心から思えるようになりました。

「たかが仕事じゃないか。面白くなくて当たり前」という父親の一言で、プレッシャーに押しつぶされ気味だったRさんは、とても楽になれました。

それ以来、Rさんは、「仕事のやりがいと、楽しさは別物だ」と思うようになったそうです。純粋に楽しいことを味わいたいなら、自分がお金を払って趣味でやればいい。報酬をもらう以上、楽しくないことも当然ある。「やりがい」は自分の義務と責任を果たすことができたと感じたときに味わえる、と思うようになったといいます。

霧の中でも視野を広げてくれるメンター

仕事の中に楽しみ、ときにはすばらしい「フロー経験（精神的に集中し、我を忘れるほど夢中になり、しかも楽しみながら没頭してしまうような経験）」さえあり得る、ということを決してあきらめてほしくないと、私は常日頃から若い人たちに伝えていますが、このRさんとお父さんとの対話には、考えさせられるものがあります。お父さんのアドバイスには、大変興味深く、かつ実際的な助言が含まれています。

Rさんは仕事に迷ったときに、お父さんのアドバイスによって救われました。

キャリアに迷ったときには、自分ひとりで悶々と考えているだけでは、答えは出てきません。絶対に、誰か信頼できる人に相談するべきです。

まずは、自分と環境や年齢などが「近い」関係の人、そしてまったく違う業界や年齢が離れているなど「遠い」関係の人の、両方がいることが望ましいと思います。

近い関係の人は、関係性が近いだけにあなたや自分たちの属する世界について愛着を抱いているでしょうから、よりポジティブなアドバイスをしてくれることでしょう。

遠い関係の人は、ネットワーク上のポジションが自分とは違うところにあるがゆえに、自分には得られない情報や気づきを与えてくれることがあります。これまでお話ししてきた、やる気の「自己調整」という言葉について、「自己」というのに周りの助言に頼るのは、他律的と思われるかもしれませんが、**落ち込んだとき「誰にアドバイスをもらいに行くかどうかは自分で選べる」という意味で、やはり淵源《えんげん》においては「自己」調整**なのです。

自分の親、兄弟、親戚、友人、恋人などの近い関係の人から、OB訪問やネットで知り合った他業界の人、異業種交流会で知り合った人など遠い関係の人まで、様々な人に相談することで、自分の今の位置と将来の選択肢の可能性を、複合的に知ることができるでしょう。

誰に相談するか考えるときに大切なのは、関係が近い人、遠い人、どちらであっても、**「その人に会ってポジティブになれるかどうか」**です。

たとえば落ち込んでいるときに「がんばれ！」ではなくて、「落ち込んでいてもいいと思うよ」と、いったんはあなたのことを肯定してくれる人がよいと思います。

ただ、あからさまにポジティブな助言は、能天気になりがちです。一見するとネガティブにも見えるが、実は「ネガティブを踏まえたポジティブ」であるというアドバイスのほうが、有効であることは少なくありません。

だいたいにおいて日本では「努力が一番すばらしい」という価値観が蔓延していますから、「がんばりが足りない」というアドバイスになりがちです。しかし、がんばれないでいる人は、がんばれないから苦しいのであって、その人に「がんばれ」といったところで無意味なのです。

落ち込んでいる人に「がんばれ」ということは、ときにマイナス効果ともなります。ポジティブ心理学を批判するバーバラ・エーレンライクは、自分が乳がんになったときに「気を落とさないで、大丈夫よ」という人が一番困った、といいます。「今は落ち込んで当然よ」といって手を握ってくれる友のほうが、そういうときはありがたいでしょう。

また、仕事を続けていて「どん詰まり感」を覚えることがあったら、それは何かしら「変化」を迎えるべきときが来ているというサインの可能性があります。

そしてこの先、自分がどういう道を歩めばいいのか、そのヒントを与えてくれるのがメンターです。親友や恋人や配偶者は、自分と年齢や境遇が近すぎてその役割ができないことも少なくありません。そういうときは、社外の人や、信頼できる上司、あるいはまったく違う業界の仕事をしている人に話を聞いてみるのも役立つでしょう。

生涯発達心理学に詳しい著述家のG・シーイーによれば、20代の最も嫌になる諸側面のひとつは、自分の行なった選択が取り返しのきかないことだと思い込んでしまうことである。これは、たいていの場合、間違った恐れである。**変化はまだまだ可能だし、元の選択に何らかの変更を加えることは、おそらく不可避なことなのである**といいます。

若い人が「行き詰まった」と思ったとしても、それは決して「取り返しのつかない事態」ではありません。周囲のアドバイスも参考にしながら、変化を恐れずに、新たな取り組みにチャレンジするチャンスなのです。

キャリアの問題の偽解決

人にキャリアの相談をすることは、自分の中だけで下す「偽解決」を防ぐことに役立ちます。さて、この偽解決とは何でしょうか？

カリフォルニア州パロアルトのＭＲＩ（Mental Research Institute）の重鎮で、ブリーフセラピーの大御所であるポール・ワツラウィックが好んで挙げる例にこんな話があります。

暗いところで部屋の鍵を落としたという人がいた。

ところがその人は、なぜか明るいところで、その大切な鍵を探し続けている。

ずっと同じ場所を探しているので、通りすがりの警官もそこで落としたのかと思って一緒になって探してくれたが、いつまで経っても見つからない。

警官が「どのへんで落としたの？」と聞くと、その人は「ここではありません。もっと奥のほうです。でも奥はあまりに暗すぎて見えないので、明かりが灯っているところあたりを探しているのです」と答えた。

これは笑い話のようですが、キャリアや仕事について、同じようなことをしている人は少なくありません。この男の人は、「鍵を落とした」という不運な出来事に対して、「運命だから仕方がない」とあきらめることはせずに、自分から「探し続ける」というアクションをとりました。その点では大変能動的である、といえます。

しかし男性が、明るい場所を探し続けている限り、決して鍵は見つかりません。「明るくないと見えないから」という理由でその場にとどまるのは、真の解決ではなく、「偽解決」にすぎません。

世の中には、がんばるだけでは堂々巡りに終わる苦境が潜んでいます。明るいからそこを探すのではなく、**暗くても、探しものがありそうなところを模索すべきときが、人生やキャリアにはあります**。

暗闇で落とした鍵の探し方

私たちは自分たちが困っている問題について、**「自分が解ける方法」でしか問題の解決策を考えない傾向**があります。

たとえば企業でも、力を入れて開発した商品が期待に反してまったく売れないとき、経営戦略会議で「宣伝方法（プロモーション）がわるいんじゃないか」と宣伝部の役員が責められることがあります。そこで宣伝部の役員は、部下に命じて次々に話題を呼ぶような広告をつくらせますが、それでも一向に売り上げが伸びなかったとしましょう。

こういうことはよくありますが、そもそも考えるべきなのは、その商品の開発コンセプト自体がきちんと市場のニーズに合っていたかどうかなのかもしれません。

「これはほしい。買いたい」と思うお客様がほとんどいない商品をいくら宣伝しても、売れるわけはありません。そういう商品を、宣伝に多大な費用とエネルギーを使って売ろうとすること自体が、「偽解決」となるわけです。

これは個人レベルでも同じです。たとえばずっと金融業界で働いてきた人の中には、世の中で起きていることを経済的な側面から見ることが習慣化してしまっている人がいます。本当はもっと違う行動原理があるかもしれないのに、「儲かるか、儲からないか」の原理のみで世の中の人が動いていると考えて、その尺度で物事を見てしまう。そうすると経済原則では動かない人々（たとえば宗教的価値観や、民族的価値観で動く人々）の行動については、誤った解釈をしてしまう可能性があります。

鍵を探す人の小噺は、「暗闇に落とした鍵、同じところばかりをもっと探す」と名づけられています。英語では、「The lost key in the darkness or more of the same」と呼ばれています。「more of the same」というのは「枠から出られない堂々巡り」という状態を指すキーワードです。

ポール・ワツラウィックはこのような意味深い「小噺」をたくさんレパートリーとして持っていて、困っている人の苦境からの脱出を支援するために活用しているようです。

私たちが仕事やキャリアにおいて「変わらない」と感じるときも、往々にして「自分なりにがんばって動いている」「新しい道を探している」つもりでいるのに、気づかぬうちに「枠から出ないままで堂々巡り」をしているのかもしれません。

幸いにも以前、鍵をなくしたときに、たまたま明るい場所を探したら出てきた。そういう経験があると、「鍵を落としたら、明るい場所を探せば見つかる」という誤った解決法にとらわれてしまうことがあります。そうした思い込みにはまってしまったときは、**誤りに気づかせてくれる外部からの指摘や介入が必要**となってくるでしょう。

そんなときのためにも、ぜひ自分に近い関係、遠い関係の双方に、何でも相談できる人をつくっておくようにしてください。きっと彼らの存在が、キャリアの暗闇にはまってしまったときには、光明をもたらしてくれるはずです。

キャリアにはアップもダウンもない

複数の仕事から得られた、複眼的な視点

最後に紹介するHさんのキャリアを見ると、「キャリアにはアップもダウンもない」ということを感じます。

◆Hさん（**34歳、女性、国語教師**）

Hさんは学校を卒業後、中国の五つ星ホテルで唯一の日本人として2年半勤務しました。それから北京で暮らし、ライターとして2年間活動しました。

日本に帰国してからは、商社と船舶会社で4年間働いた後で、中国に詳しいライターとして執筆活動を行ないました。現在は国語の教師をしています。

Hさんが中国で働こうと思ったのは、大学時代に『万葉集』を習ったときでした。日

本文化の源流がある中国に魅了され、大学在学中に北京大学に留学します。当時の日本は就職氷河期のまっただ中で、妥協して不本意な就職をする友人を見て違和感を覚え、日本に帰りたくないと感じて中国で就職しました。

しかし中国のホテルで働きはじめてすぐに、「これは大変なところで社会人のスタートを切ってしまった」ということに気づきます。今から約10年前の中国は、社会主義から資本主義経済へ移ろうとする過渡期でした。社会にはいろいろな価値観が錯綜していて、企業の評価体制なども混乱していました。

唯一の日本人スタッフとして、日本の著名人などが宿泊するときには接客にあたるなど、日本では話す機会が得られないような要人を相手に貴重な体験もできました。

けれどふだんは日本企業への飛び込み営業がメインの仕事です。

当時は、日本人が中国の会社で働くのもまだ珍しいことでした。日本企業の中国法人で働く社員からはうさんくさい目で見られて、ホテルに戻れば営業成績だけで評価されることに心底疲れ果ててしまい、「自分が虫けらになったみたいに感じた」といいます。

Hさんは語学力が足りなかったために、中国では自分を十分にアピールできなかった悔しさから、日本に帰国後、通訳案内士の資格を取得します。それによって日本で、中国関係のライターとして仕事ができるようになったのです。

「中国で働いてみてよかったのは、評価されていないのは『働く自分』であって『プライベートの自分』を否定されているわけではない、と思えるようになったことです。私の周囲にいた中国人には結果が出てなんぼ、という考え方がベースにあったので、結果が出せない自分が評価されないのは当然だし、怒られたり、拒否されるのは『働く自分』であると切り離して考えられるようになりました。給料は、『働く自分』という役割を演じている時間に払われるものだと思います」

帰国後、商社勤務などを経て、Hさんは子どもたちに国語を教える先生になりました。

「最初の職場だった北京のホテルでは、入社直後から即戦力になることを求められてつらかった。帰国後、商社や船舶会社で仕事をイチから教えてもらえるのがとても嬉しく思いました」

教える仕事をしたくて就いた教職は、子どもの成長に気づくのが楽しく、自分も子どもに気づかされることが多くあります。

「勉強ができる・成績がいい・理解がはやい」というだけではない「よさ」がそれぞれの子どもにあるのを知って、自分がつまらない基準しか持っていなかったことに気づいたそうです。

「中高生の頃の自分は『少しでもいい成績をとって、高いレベルの学校に行く』という既存の枠の中でしか考えられなかったので、『〜がしたいからこの学校に行く』という、自分の基準を持っている子どもに感銘を受けました。仕事や勉強ができる・お金が稼げるなどの世間でよいとされる基準も、絶対ではないと、負け惜しみでなく思えるようになり、楽になりました」

Hさんは、中国という日本とは価値観がまったく異なる国で働いたことと、複数の仕事で得られた複眼的な視点によって、働くことにプラスの影響を受けたようです。

大切なものを遠くへ運んでいくイメージ

アメリカには全米キャリア発達学会という研究会があります。そこの会員でもあり、キャリアを研究する渡辺三枝子先生は、キャリアにまつわる心理学で高名なマーク・サビカス教授と、ご自身のキャリアのことも含めて話し合ったときに、「自分のキャリアにはいろいろな浮き沈みがありました」という意味合いで、「アップダウンがありました」と話したら、この教授から**「キャリアにアップもダウンもない」**と一言アドバイスされたそうです。

キャリアというと、「上に行けば行くほどよい」「できるだけハシゴを高く上り詰める」といったイメージがありますが、多くの人のキャリアを見てみると、そのような単純なものではないことがわかってきたのです。

自分で納得のいくキャリアを歩んでいる人は皆、過去のつらかった体験や厳しかった時代のことも、後から振り返ったときに、「あの経験があったから今がある」と懐古的に「よい経験」として記憶しています。

「あのときはくさっていたようだけれど、そのおかげで面白いことが見つけられた」と思えるのです。

これまでも様々な場面で問いかけてきたことですが、キャリアが、ハシゴを上るようなイメージでないとすれば、どのようなものと考えられるでしょうか。

私が「キャリア」という言葉から受けるイメージで、最も鮮明かつビジュアルなのは、キャリアの歩みという、「フットステップ」でした。

そしてキャリアの語源は、フットステップ（人の足跡）ならぬ、人を乗せて動いていく馬車の轍《わだち》だったことを学んだときには、驚き、そしてなぜか興奮しました。

キャリアは英語で書くと「career」ですが、馬車を示す「carriage」や、何かを運ぶ人やものを指す「carrier」や文字通りの車「car」とも同語源です。何か大切なもの、重たいものを遠くへ運んでいくという点ではよく似ています。

たった一回限りの自分の人生という旅。それを運んでいる馬車。

行き先がはっきりしていることも、ぼんやりと目的地が見えないこともあるけれど、それでも遠い道のりをずっと進む馬車。その馬車から振り返ったときに見える轍こそが、キャリアのイメージです。

キャリアは、自分の長期的な生き方、働き方にかかわるものを運んでいるとも考えられるのです。

おわりに　働く人の生の声を聞き届ける

仕事に熱中する、仕事に退屈を覚える。仕事でがんばる、仕事で落ち込む。仕事で祝福される、仕事に突き放される。

仕事があるから気持ちが豊かになる、仕事だと思うだけで暗くなる。

仕事に向き合うとき、両方が交じっているようにも思う。誰にも両面があるのではないだろうか。一見するとどんなに「がんばり屋さん」に見える人でも、仕事に熱中し、祝福され、気持ちが豊かになるという道筋ばかりを走るわけではない。

ときに落ち込み、空回りし、落ち着かないことが、がんばり屋さんにもある。同様に、一見するとどんな「さぼり屋さん」に見える人でも、いつも退屈し落ち込み、仕事の場で突き放され、気持ちがいつも暗くふさいでいる状態ばかりに陥っているわけではない。周りの人が気づいていないだけで、仕事以外のとき、たとえばプラモデルをつくっているときには、とても集中しているかもしれない。そういう姿を見たことがないだけだ。

時間軸、空間軸というものがある。時間軸でみれば、冴えているときもあれば冴えないときもある。空間軸でみれば、元気になれる場もあれば、元気が失せてしまう場もある。

子どものときにまで遡ってみるのもよい。

授業中に教室で勉強しているとき、そういう時空間でポジティブな青い秀才が、体育の時間に運動場で冴えない顔をしていることもあれば、その逆に、授業中はからっきし元気がなくても、体育の時間になるとイキイキした顔をしている運動のスターもいる。もちろん、悔しいことに両方ともできる、文武両道、「日焼けした秀才」もいるだろう。

そういう例外を除けば、モティベーションとか、やる気とかいわれるものは、心の状態であって、アップダウンするものだと認識することが一番肝要だと思う。

これまでも、そのようなアイデアで、何冊かのモティベーションの書籍を書いてきた。『働くみんなのモティベーション論』（NTT出版、2006年）では、やる気のアップダウンをうまく自己調整できる人間になるために、自分のやる気を左右する要因を自覚する方法について詳述した。学者の提唱する〈モティベーション理論〉と両立しながら、「他ならぬ自分に一層ぴったりあてはまる」テイラーメードの〈モティベーション持（自）論〉を言語化することを提唱した。

『社長と教授の「やる気！」特別講座』（かんき出版、２０１０年）では、やる気を「説明する」だけでなく、やる気を「自己調整する」具体的方法を、共著者の小笹芳央さん（株式会社リンクアンドモチベーション社長）から学ばせてもらった。小笹さんは、モティベーションそのものがビジネスになるというアイデアで起業された稀な起業家で、お会いする度に、実践家の立場から、私などよりはるかに迫力を持って、「役に立つのがよいモティベーション理論だ」という姿勢で言行一致しておられる。

モティベーションの問題をより身近にするために、次に必要なステップは何か。それは、働く人の生の声を、しっかり聞き届けることを踏まえた調査から生まれるものだと思っていた。ありがたいことに、大学ではいつも、大教室だけでなく、ゼミという場で、10名を少し越えるだけの少人数の金井ゼミの3年生、４年生と、あらゆるセッションで、必ずモティベーションについて深くしっかりと議論できる機会をいただいている。

3年生の間に、明示的にモティベーションを正面切って取り上げるセッションがいくつかある。そのうちの一日は、『働くみんなのモティベーション論』を含む合計3冊（残りの2冊は、桜井茂男著『学習意欲の心理学――自ら学ぶ子どもを育てる』誠信書房、１９９７年、および、奈須正裕著『やる気はどこから来るのか――意欲の心理学理論』北大路書房、2002年）の書籍を取り上げる。それぞれ3つのサブグループに担当してもらい、あくまでも、理論のための理論ではなく、自分のやる気のアップダウンを左右する要因を言語化し、自分のやる気を少しでも自己制御するのに役立つキーワードを探しあてることが目的である。

その目的の先には、自分のやる気のアップダウンを自己調整するための、自分にあった「リーダーシップ持（自）論」を持つようになるという、さらなる目的がある。

このようにモティベーションは、本当に身近なトピックであり、常に興味を持ってきたテーマである。それだけに、モティベーションについて、さらにこの1冊を世に送り出すことができたことに、深く感謝する。

私は、生きている間に、とてつもなく大きなことを成し遂げた人のキャリアやモティベーション、そのプロセスで多勢の人を巻き込み、ひとりでは決してできないようなスケールの大きいことを実現した人に、ついつい注目しがちだ。それは、経営学という学問分野の性質からは、納得いくことではあるかもしれない。心理学でモティベーションをやっている人なら、がんばりの足りない人、無気力な人、また対象も、仕事の世界でなく、様々な分野で調べるだろう。教育学部で心理学にもとづき研究教育をしている人なら、仕事の世界でなく学ぶ生徒、学習の勉学意欲を、まず対象にするのだろうか。

経営学は、他の学問分野と比べて、実践的な分野なので、いつもよくがんばっている会社、大きな成果をあげたチーム、それを率いた個人、たいていの場合には、リーダーシップを発揮したといわれるような個人を対象にすることが多い。

自己調整は、心理学の様々な分野で重要なキーワードのひとつであろうが、フルタイムで仕事をするようになってから、働く期間はとても長い。その間に働き方に迷い、やる気が失せることがあっても、仲間やリーダーから刺激を受けたり、研究者の理論を参考にしながら、自分なりのモティベーションの持（自）論を持てたら最高だ。

そういう思いでもって、この書籍を書かせてもらった。周りには、「金井はいつも元気だ」「よくがんばっているね」といわれることが割とあるのだが、周りの目と違って、実際には、しょっちゅう、無力感に陥るので、他ならぬ自分を元気づけるために書いた書籍が、同じことに悩む多勢の方々に読まれたら、とても嬉しい。

私のゼミでは、就職前の若い人々に、いつも「がんばること（モティベーションを上げること）」と、「若くても他の人々をリードできる人間になること（リーダーシップ）」の大切さを伝えている。また私も、ゼミ生の考え方、感じ方から、学ばせてもらっている。

フルタイムで仕事の世界に入る前から、「働く」ことの意味を理解してもらえるように、様々なゲストを呼んで、議論する機会をつくってきた。一方で、私の関心が組織行動論の中でも、経営者やミドルの人たちのキャリアとリーダーシップの育成に強く向けられるようになったことと、還暦まであと数カ月となり、就業する前の学部ゼミ生たちを除けば、働く若い人々のリアルな「生の声」を聞くことが少なくなっていた。

その意味で、本書のために「若者仕事調査チーム」のメンバーが集めてくれた若者の声は、私にとっても、ふだん直接インタビューすることが少なくなっている若い世代の気持ちをしっかり理解する上で、実にチャレンジングでエキサイティングな経験となった。

この調査にご協力いただいた方々の、貴重な時間とお話に心より感謝を申し上げる。匿名での調査のため、全員のお名前を挙げてお礼をいうことはできないけれども、心からの感謝の気持ちを記して、謝辞に代えたい。本書の元となる、モティベーションという面からみた仕事の語りをお聞かせいただき、ありがとうございました。

金井壽宏

金井壽宏（かない　としひろ）
神戸大学大学院経営学研究科教授。1954年生まれ。78年京都大学教育学部卒業。80年神戸大学大学院経営学研究科修士課程修了。89年MIT（マサチューセッツ工科大学）でPh.D.（マネジメント）を取得。92年神戸大学で博士（経営学）を取得。モティベーション、リーダーシップ、キャリアなど、働く人の生涯にわたる発達や組織の中の人間行動の心理学的・社会学的側面に注目し研究している。最近は、クリニカルアプローチで組織変革や組織開発の実践的研究にも着手している。著書に『働くひとのためのキャリア・デザイン』（PHP研究所）、『仕事で「一皮むける」』（光文社）、『働くみんなのモティベーション論』（NTT出版）、『やる気！　攻略本』（ミシマ社）、『どうやって社員が会社を変えたのか』（共著、日本経済新聞出版社）などがある。

「このままでいいのか」と迷《まよ》う君《きみ》の
明日《あした》を変《か》える働《はたら》き方《かた》

2014年３月20日　初版発行

著　者　金井壽宏
発行者　吉田啓二

発行所　株式会社日本実業出版社　東京都文京区本郷3−2−12　〒113-0033
大阪市北区西天満6−8−1　〒530-0047
編集部　☎03-3814-5651
営業部　☎03-3814-5161　振　替　00170−1−25349
http://www.njg.co.jp/

印刷／厚徳社　製本／若林製本

ISBN 978-4-534-05170-7　Printed in JAPAN